Sprachförderung

Handlungsbegleitendes Sprechen mit tollen Zaubersprüchen

Praxisreihe Kindergarten

Inhalt

Simsalabim und Zauberkraft – der Frühling, der ist zauberhaft!

Fidibus und Vogelei – Sommersonnenzauberei!

Hokuspokus Knisterblatt – im Herbst, da findet Zauber statt!

Ene mene meis – im Winter zaubern mit Schnee und Eis!

Lichterglanz und Sternenzeit – der Advent ist für den Zauber bereit!

Vorwort

ZAUBERHAFTE SPRACHFÖRDERUNG

Die Sprachförderung bei Kindern stellt keinen isolierten Prozess dar und findet in jeder Alltagssituation statt, in der wir mit den Jungen und Mädchen aktiv in Beziehung/im Dialog stehen. Je mehr Sinneserfahrungen die Kinder in Kombination mit dem Spracherwerb bzw. mit dem Ausbau des Wortschatzes und der Grammatik sammeln, desto intensiver und prägender ist der Lerneffekt. Daher sollte die Kita einen Ort darstellen, der ein sinnliches und vor allem spannendes Erleben von Sprache ermöglicht. Und was ist spannender als das Zaubern?

Kinder lieben den Spannungsaufbau bei Zaubervorstellungen, richten dabei ihre Aufmerksamkeit mit höchster Konzentration auf den Zaubertrick und freuen sich sehr, wenn dieser dann nach dem Sprechen des Zauberspruches tatsächlich gelingt. Können Kinder beim Zaubern selbst aktiv sein, steigert das die Aufmerksamkeit zusätzlich.

Ein Zaubertrick gelingt in den Augen der Kinder nur dann, wenn man den richtigen Zauberspruch dafür bereithält und diesen auch laut und deutlich ausspricht. Der Einsatz von Sprache wird beim Zaubern von den Kindern als motivierend erlebt. Genau nach diesem Prinzip sind die Impulse des Buches aufgebaut. Die folgende Sprachzauberei soll die Kinder dazu anregen, Sprache beim Zaubern freudig und ungehemmt anzuwenden und am Ende stets ein Erfolgserlebnis (einen gelungenen Zaubertrick) in Aussicht zu haben. Die Zaubersprüche fördern das handlungsbegleitende Sprechen, den Ausbau des Wortschatzes und die Entwicklung von Sprachverständnis – und das mit vollem Körpereinsatz.

Die Zauberreime ermutigen die Kinder zudem zum Tanzen, zur Bewegung, Kreativität und Beobachtung, zum Staunen, Lauschen, Musizieren, Fühlen, Riechen, Schmecken und selbstverständlich zum Sprechen.

ZAUBERIMPULSE RUND UMS JAHR

Die Anregungen des Buches befassen sich mit Themen passend zum Jahreskreis und unterstützen Sie dabei, gemeinsam mit den Kindern in jeder Jahreszeit einen kleinen Sprachzauber zu entdecken. Im Winter einen Schmelzzauber selbst zu steuern oder im Frühling den Blumen-Pauszauber auszuführen, das macht das Erleben von Sprache quer durch das Jahr spannend und interessant für die Kinder.

Es geht weniger darum, aufwendige Zaubertricks vorzubereiten und zu erlernen, sondern auch einfachen Impulsen etwas Zauberhaftes abzugewinnen. Die Zaubersprüche unterstützen dabei aktiv das handlungsbegleitende Sprechen, fördern das Sprachverständnis, die phonologische Bewusstheit und machen den Kindern auf aktive Weise ihr Handeln bewusst. Die Zaubersprüche sind so aufgebaut, dass sie nicht zu viel Text beinhalten, immer auf die Handlung selbst bezogen sind und sich zudem reimen. Das ermöglicht den Kindern, sich die Zauberreime schnell zu merken und sie, wenn sie möchten, immer wieder, vielleicht auch vor unterschiedlichem Publikum, wiederzugeben. Ist der Text der Zaubersprüche für die Kinder zu lang, kann man sich einfach auf den Kerntext des

Zauberspruches, z. B. „Hokuspokus ...", also jene Stelle, die den Zauber gelingen lässt, konzentrieren. Motivieren Sie die Kinder, den Zauber selbstständig, laut und deutlich auszusprechen.

Einen wesentlichen Aspekt bei der Förderung von Kindern stellen Wiederholungen dar. Sie werden sehen, dass sich Kinder an den Zaubertricks auch nach mehreren Darbietungen nicht so schnell sattsehen. Die Spannung bleibt noch lange aufrechterhalten und viele Kinder möchten die Gelegenheit bekommen, selbst in die Rolle des Zauberkünstlers zu schlüpfen. Dadurch können die kleinen Zauberkünstler die Reime auf spielerische Weise festigen und Handlungsabläufe begreifen.
Beim Sprechen des Zauberreimes ist es wichtig, auch als Erwachsener auf eine merkbar „übertriebene" und äußerst präzise Artikulation zu achten. Die Temporeduktion und die bewusste Betonung der Silben unterstützen Sie dabei, Spannung aufzubauen und die Sprache der Kinder aktiv zu fördern.
Zauberreime lassen sich jederzeit ungezwungen in den Alltag integrieren. Selbst den gewöhnlichsten Alltagssituationen kann man mit motivierenden Reimen einen kleinen Zauber verleihen. So könnte man beispielsweise das selbstständige Ankleiden vor dem Gartenbesuch mit einem kleinen Zauberreim begleiten: „Hokuspokus Löwenzahn, alle Kinder zieh'n sich an! Ene mene Hexenbein, wer wird wohl der/die Erste sein?"
Oder einen Zauber, der den Appetit anregt: „Fidibus und Weinbergschnecken, das Essen lassen wir uns schmecken!"
Kinder lieben es, mit Sprache zu spielen und kreativ damit umzugehen. Wenn sich das Lernen als ungezwungenes Spiel darstellt, fällt es den Kindern nicht schwer, mit Motivation und Freude bei der Sache zu bleiben.
Seien Sie gemeinsam mit den Kindern kreativ, bestimmt lässt sich in jede Alltagssituation eine zauberhafte Sprachförderung integrieren.

FÜR WELCHE ZIELGRUPPE SIND DIE ANREGUNGEN GEDACHT?

Die Zauberimpulse sind in erster Linie für Kitakinder im Alter von 3 bis 6 Jahren gedacht. Natürlich sind auch ältere Kinder, die Freude am Zaubern haben, herzlich eingeladen, die Zaubertricks in Kombination mit den Zaubersprüchen auszuprobieren.
Zur empfohlenen Gruppengröße lässt sich sagen, dass Sprachförderung im Allgemeinen eine ruhige Umgebung voraussetzt, damit sich Kinder auch gut auf ihre auditive Wahrnehmung und das gesprochene Wort konzentrieren können. Natürlich möchten die Zauberer so manchen Trick auch mal vor größerem Publikum präsentieren. Achten Sie trotz allem darauf, dass sich die maximale Gruppengröße auf eine Kinderanzahl von bis zu zehn Kindern beschränkt.

WAS WIRD BEIM SPRACHZAUBER GEFÖRDERT?

Die folgenden Sprachzauber-Angebote konzentrieren sich vor allem auf das handlungsbegleitende Sprechen. Der Zauberreim soll den Kindern ihr eigenes Handeln begreifbar machen und unterstützt in erster Linie das Sprachverständnis und die phonologische Bewusstheit. Das Zaubern stärkt zudem die Sprechfreude und die Kommunikationsbereitschaft der Kinder. Doch neben dem Aspekt der Sprachförderung sind natürlich auch andere Förderbereiche angesprochen:

Auf sozial-emotionaler Ebene wirkt das Zaubern positiv auf die Ich-Stärkung, das Selbstbewusstsein, die Frustrationstoleranz, die Lernbereitschaft, die Ausdauer und Konzentration und fördert das Regelbewusstsein der Kinder.

Beim aktiven Tun werden sich die kleinen Zauberkünstler*innen auch ihrer motorischen Handlungsabläufe bewusst und die Auge-Hand-Koordination, die Geschicklichkeit und die Feinmotorik werden gezielt und vor allem spielerisch gefördert.

Den passenden Zauberspruch muss man sich natürlich auch merken. Beim Zaubern trainieren die Kinder mit Freude und gleichzeitig unbewusst ihre Merkfähigkeit und erhalten ein Verständnis für Zusammenhänge und Handlungsabläufe.

Da lässt sich nur noch sagen: **Nur Mut, das Zaubern tut ganz einfach gut!**

Ich wünsche allen Leser*innen viel Freude bei der Umsetzung der gemeinsamen lustigen Sprachzauberei mit den Kindern!

Simsalabim und Zauberkraft, der Frühling, der ist zauberhaft!

Im **FRÜHLING** erwacht die Natur und bietet den Kindern somit eine Fülle an spannenden Beobachtungsmöglichkeiten. Vielleicht sehen die Kinder gerade einen bunten Schmetterling über die Wiese flattern, der sich auf eine schöne Tulpe setzt? Die Beobachtung selbst bietet hier schon Zauber genug. Mit den passenden Zaubersprüchen kann man die Kinder dazu ermutigen, im **FRÜHLINGSERWACHEN** den Zauber zu spüren und den frühlingshaften Eindrücken auch über Sprache Ausdruck zu verleihen.

Blumiger Pausspaß

Eine bunte Malaktion

Gruppe
ca. 4 Kinder
Alter
ab 4 Jahren
Dauer
ca. 20 Minuten

Besonders farbenfrohe Blüten oder Blätter zu sammeln, dazu verlockt der Frühling allemal. Mit diesem blumigen Pauszauber kann man im Nu einen freudigen Blumengruß malen!

MATERIAL unterschiedliche Frühlingsblumen oder Blätter * weißes Papier * Buntstifte / Bleistifte

DURCHFÜHRUNG

Sammeln Sie vorab gemeinsam mit den Kindern im Garten oder bei einem Spaziergang Blätter oder Blüten, die für die Kinder interessant sind. Besprechen Sie bereits beim Sammeln mit den Kindern die Merkmale der Pflanzen.

Sind alle Naturmaterialien bereitgestellt, kann damit gezaubert werden. Dafür benötigt jedes Kind ein Zauberblatt (weißes Papier) und einen Zauberstift (Bleistift/Buntstift). Nun die Blätter und Blüten einfach unter das Papier legen und zu folgendem Zauberspruch mit dem Stift über das Papier malen:

Blütenzauber, Blätterzauber, wir malen munter hin und her,
mit dem Stift auf dem Papier, das ist doch gar nicht schwer.
Hokuspokus Fidibus –
kunterbunter Blumengruß!

TIPP Natürlich kann dieser Zauber auch als Gemeinschaftszauber angeboten werden und mehrere Kinder malen/zaubern gemeinsam auf einem großen Papier ihren Blumenzauber. Sprechen Sie den Spruch immer wieder während des kreativen Schaffens mit den Kindern. Bestimmt lernen die kleinen Zauberer den Spruch rasch und wenden diesen dann bald auch von alleine an.

WEITERFÜHRENDE IMPULSE

Vielleicht möchten die Kinder aus dem Pauszauber ein Memory gestalten, bei dem man die abgepausten Bilder den echten Blüten zuordnet?

Fördert: **Sprachverständnis * Sprache in Bewegung umsetzen * Feinmotorik**

Lustige Zauberreime

Reime finden und erleben

Gruppe
ca. 6–8 Kinder
Alter
ab 5 Jahren
Dauer
je nach Belieben

Auf Tisch reimt sich der Fisch! Das Reimen ist eigentlich gar nicht schwer. Man braucht dafür nur den richtigen Zauber, etwas Fantasie und sprachliche Kreativität!

MATERIAL
weißer Fotokarton ⋆ Schere ⋆ Filzstift ⋆ Musterbeutelklammer

DURCHFÜHRUNG

Vorab gestalten die Kinder ihre Zauberreim-Drehscheiben. Dafür benötigen sie weißen Fotokarton. Aus diesem werden zunächst zwei Kreise mit einem Durchmesser von ca. 15 cm ausgeschnitten. Bei einem Kreis wird mithilfe eines Filzstifts und eines Lineals genau in der Mitte eine Linie gezogen, wodurch zwei gleich große Halbkreise entstehen. Nun überlegen sich die Kinder zwei Begriffe, die sich reimen, z. B. Kuh – Schuh, Kröte – Flöte, Baum – Zaun, Tisch – Fisch ... Dann zeichnen sie mit Filzstift die beiden Begriffe je in ein Kreissegment. Anschließend den zweiten Kreis mit der Schere in zwei Hälften schneiden. In der Mitte des Halbkreises und des bemalten Kreises wird je ein Loch gebohrt. Nun werden die Kreise mit einer Musterbeutelklammer miteinander verbunden, wobei der Halbkreis auf den ganzen Kreis gelegt wird. Schon können die kleinen Zauberkünstler mit ihren Zauberkreisen spielerisch Reimwörter zaubern. Durch die Musterbeutelklammer lässt sich der Halbkreis blitzschnell drehen und zeigt das Zauberreimwort an. Natürlich darf der passende Zauberspruch dabei nicht fehlen:

Eins und zwei und drei –
hier kommt die Zauberreimerei.
Ene mene Hexenbein –
wie heißt der nächste Zauberreim?
Auf ... (z. B. Tisch)
reimt sich ... (z. B. Fisch).

TIPP Toll ist es, wenn die Kinder schon viele Drehscheiben mit unterschiedlichen Reimen gestaltet haben, denn dann kann man natürlich öfter zaubern und somit die Spannung für längere Zeit aufrechterhalten.

Fördert: phonologische Bewusstheit ⋆ auditive Wahrnehmung

Frühlingseindrücke

Naturbeobachtungen beschreiben

Gruppe
8–10 Kinder
Alter
ab 4 Jahren
Dauer
je nach Belieben

Gehen wir immer mit offenen Augen durch die Welt? Dieser besondere Zauber lädt dazu ein, die Wunder der Natur einmal genauer zu bestaunen und bei der Beobachtung ins Detail zu gehen.

MATERIAL alter Holzbilderrahmen * Schmuckmaterialien wie Federn, Mosaiksteinchen etc. * Kleber

DURCHFÜHRUNG

Die Natur hält viel Zauberhaftes für uns bereit. Wenn wir uns im Garten bewegen und umsehen, dann prasseln oftmals so viele optische Eindrücke gleichzeitig auf uns ein, dass wir vergessen, Natureindrücke selektiv und gezielt wahrzunehmen und zu genießen.

Der folgende Zaubertrick schärft die Sinne der Kinder und motiviert sie, ihre Eindrücke zu verbalisieren. Dazu benötigt man einen Holzbilderrahmen (Größe ca. DIN A4), der vorab rundherum mit Schmuckmaterialien wie Federn, Mosaiksteinen etc. beklebt wird. Dies verleiht dem Rahmen ein zauberhaftes Aussehen und unterscheidet ihn von einem herkömmlichen Bilderrahmen. Im Garten oder bei einem Spaziergang kommt der Zauberbilderrahmen dann zum Einsatz. Dafür schließt immer ein Kind die Augen und wird von Ihnen oder einem anderen Kind zu einem bestimmten Platz geführt. Anschließend hält es den Zauberbilderrahmen in den Händen und blickt durch diesen, während folgender Spruch gesprochen wird:

Fördert: Beobachtungs- und Erzählfreude * Wortschatz * visuelle Wahrnehmung

Dieser Zaubertrick
schärft deinen Blick.
Mit diesem Rahmen kannst du gehen
und zauberhafte Dinge sehen.
Hokuspokus acht, neun, zehn –
sag es uns und bleib mal stehn –
welchen Zauber kannst du sehn?

Nachdem der Zauberspruch gemeinsam gesprochen wurde, erzählt das Kind von seinen Natureindrücken, z. B.: „Ich sehe eine grüne Wiese und viele blaue Blumen darin!"

TIPP Nehmen Sie sich für diesen Impuls etwas länger Zeit. Wenn die Kinder ein und dieselbe Stelle länger durch den Zauberbilderrahmen beobachten, dann verändert sich vielleicht auch während der Beobachtungsphase etwas. Eventuell setzt sich ja im nächsten Moment ein Schmetterling auf eine Blume.

WEITERFÜHRENDE IMPULSE

Haben sich die Kinder ihr Zauberbild gut gemerkt und auf die wesentlichen Merkmale gezielt geachtet? Dann könnten sie später ein Bild von ihren Zaubereindrücken malen und in einem gemeinsamen Gespräch noch einmal erzählen, was sie bei ihrer Beobachtung besonders begeistert hat.

Gruppe
ca. 6 Kinder
Alter
ab 3 Jahren
Dauer
ca. 30 Minuten

Auf der Wiese tut sich was

Rätselraten auf der Frühlingswiese

Was tut sich hier auf der Wiese? Mit einem spannenden Rätselzauber können die Kinder bestimmt viele Wiesengäste erraten. Ein buntes kleines Ding? Das ist gewiss der ...

MATERIAL grüner Fotokarton * Bildkarten mit Tierbildern (passend zum Reim) * bunte Servietten als Zaubertuch für jedes Kind

DURCHFÜHRUNG

Hier wird tierisch gezaubert! Die Kinder sitzen dafür im Kreis auf dem Boden. Der grüne Fotokarton liegt in der Kreismitte. Einige Kinder halten in der Hand je eine Bildkarte unter einer Serviette (dem Zaubertuch) versteckt. Auf den Karten sind jeweils jene Tiere abgebildet, die im Zaubermitmachgedicht vorkommen. Während Sie nun die Gedichte vortragen, legen/zaubern die Kinder die Karten auf den grünen Karton.

Auf der Wiese tut sich was,
hier macht Zaubern richtig Spaß!
Wir zaubern nun, das wird ein Hit –
und alle Kinder machen mit.
Hokuspokus, sei dabei –
bei der Rätselzauberei!

Über der Wiese, sieh mal dort,
fliegt ein Tier von Ort zu Ort.
Mit bunten Flügeln flattert's geschwind,
auch bei leichtem Wetterwind.
Hokuspokus Flatterding,
kunterbunter ... (Schmetterling).

Fördert: auditive Wahrnehmung * Wortschatzerweiterung

Zwischen Blumen und dem Gras
hat ein Tier beim Hüpfen Spaß.
Kann auch fliegen, wenn es will,
steht dann zwischendurch mal still.
Hokuspokus Sommerdecke,
hier springt die grüne ... (Heuschrecke).

Sie schlängelt flink sich durch die Welt,
überall wo's ihr gefällt.
Giftige Zähne sind immer dabei,
aus der Nahrung macht sie Brei.
Hokuspokus, mir wird bange,
dies hier ist die lange ... (Schlange).

Auf dem Baum, auf einem Ast
piepst ein kleiner, süßer Gast.
Hat zwei Flügel und fliegt fort,
fliegt mal hier und fliegt mal dort.
Hokuspokus Zirp-Gejodel,
hier piepst der kleine ... (Vogel).

Auf der Blume sitzt das Tier,
holt sich gelben Nektar hier.
Brummt beim Fliegen laut und munter,
setzt sich auch zu dir hinunter.
Hokuspokus, brumm summ Miene,
das ist doch wohl die kleine ... (Biene).

WEITERFÜHRENDE IMPULSE

Die Kinder können das Plakat noch mit Zeichnungen passend zu den Reimen ergänzen, z. B. versteckt sich die Heuschrecke zwischen Grashalmen, die Biene sitzt auf einer Blume ... Die kleinen Künstler malen dafür einfach mit Ölkreiden die Ergänzungsmotive auf dem Plakat dazu. Im Anschluss bietet sich noch ein Bewegungsspiel an, das die Kinder abwechselnd zu jenen Tieren verzaubert, die auf dem Plakat vorkommen. Die Kinder können sich dann zu den passenden Fortbewegungsarten des Tieres bewegen, z. B. alle Heuschrecken hüpfen ...

Der Hase mit der bunten Nase

Eine Geschicklichkeitsübung

Gruppe
ca. 6 Kinder
Alter
ab 4 Jahren
Dauer
ca. 20 Minuten

Dieser Hase hat einen besonderen Wunsch: Er wünscht sich eine bunte Nase. Hat der Zauberer dafür auch einen passenden Zauberspruch parat?

MATERIAL brauner Fotokarton ⋆ Schere ⋆ Laminierfolie ⋆ Laminiergerät ⋆ Hut ⋆ doppelseitiges Klebeband ⋆ sechs bunte Pompons in den Farben Rot, Gelb, Blau, Pink, Violett und Grün ⋆ nach Wunsch Schablone für einen Hasen ⋆ Zauberhut

DURCHFÜHRUNG

Vorab gestalten die Kinder einen Hasen aus Fotokarton. Wer möchte, kann dafür auch eine Schablone nehmen. Die Kinder skizzieren den Hasen auf braunem Fotokarton und schneiden diesen mit der Schere aus. Zum Schutz wird der Hase laminiert. Auf die Nase des Hasen wird ein kleines Stück eines doppelseitigen Klebebandes geklebt. Der Hase und die sechs bunten Pompons werden in einen Hut gelegt.
Der Zauberer zeigt vorab dem Publikum passend zum Zauberspruch den Hasen ohne Nase. Während er den Zauberspruch spricht, verpasst er dem Hasen im Zauberhut mit dem passenden Pompon in der entsprechenden Farbe eine Nase und zeigt diesen anschließend freudig dem Publikum.

Fördert: Feinmotorik ⋆ Farbbegriffe festigen ⋆ visuelle Wahrnehmung

Aus diesem Zauberhut
guckt mit ganz viel Mut

ein kleiner Zauberhase,
doch leider ohne Nase!

Dieser kleine Hase
wünscht sich 'ne bunte Nase.

Fidibus und Honigbrot –
seine Nase ist jetzt rot!

Fidibus und neunmalschlau –
seine Nase ist jetzt blau!

Fidibus, die Blumen blüh'n –
seine Nase ist jetzt grün!

Fidibus und Zauberheld –
seine Nase ist jetzt gelb!

Fidibus und kleiner Fink –
seine Nase ist jetzt pink!

Fidibus und Hexenbett –
seine Nase ist violett!

Sonne, Regen, Blitz

Ein wechselhaftes Konzentrationsspiel

Gruppe
ca. 6–8 Kinder
Alter
ab 4 Jahren
Dauer
je nach Belieben

Das Wetter ist doch manchmal wie verhext! Mal scheint die Sonne, im nächsten Moment zieht ein Gewitter auf und es blitzt und donnert schon. Bei diesem Wetterzauber kann der Zauberer das launische Wetterspiel etwas steuern und für wechselhafte Überraschungen sorgen.

MATERIAL weißer Fotokarton ★ Schere ★ weißes Papier ★ bunte Filzstifte

DURCHFÜHRUNG

Vor dem Wetterzauber werden die Zauberutensilien hergestellt. Dafür benötigen die Kinder ein Zauberwölkchen (Durchmesser ca. 20 cm), das der/die Erzieher*in auf einem weißen Fotokarton aufzeichnet und das die Kinder im Anschluss ausschneiden. In die Wolke wird mittig ein Fenster (Größe ca. 8 cm × 8 cm) an drei Seiten eingeschnitten, das sich öffnen und schließen lässt. Nun stellen die Kinder noch die passenden Wetterkarten her. Auf weißen Papierkärtchen (Größe ca. 8 cm × 8 cm) malen die Kinder mit Filzstiften folgende Wettersymbole auf: Sonne, Regen, Blitz, Hagel und Schnee.
Anschließend können die Wettersymbole auf der Rückseite der Wolke genau hinter dem Fenster platziert werden und passend zum Wetter-Zauberreim wird das Fenster vom Zaubermann oder der Zauberfrau geöffnet.

Fördert: **visuelle Wahrnehmung** ★ **Konzentration** ★ **Sprachverständnis**

Ich bin der Wetterzaubermann/ich bin die Wetterzauberfrau
und sehe mir das Wetter an/und kenn das Wetter ganz genau.
Sonne, Regen, Blitz –
das Wetter ist ein Witz!
Mein Zauberwölkchen, das ist weiß,
wird es heut kalt oder heiß?
Ene mene Sonnenschein,
wie wird wohl das Wetter sein?

TIPP Man kann den Wetterzauber auch wunderbar in ein Bewegungsspiel einbauen. Vorab wird besprochen, was die Kinder bei den unterschiedlichen Wettervorhersagen machen, z. B. bei Schnee wird der Schnee geschaufelt. Oder bei Regen stellen sich die Kinder schnell irgendwo unter oder kriechen unter einen Tisch oder Stuhl. Bei Sonne legen sie sich hin und nehmen ein Sonnenbad etc. Der Kreativität sind keine Grenzen gesetzt.

1, 2, 3 – es kommt ein buntes Ei!

Schulung der Merkfähigkeit

Gruppe
ca. 4 Kinder
Alter
ab 4 Jahren
Dauer
je nach Belieben

Eins, zwei, drei – noch ein Ei! Bei diesem Zaubertrick werden unendlich viele bunte Eier gezaubert. Wer bei diesem Endloszauber genau hinsieht, kann erraten, welches bunte Ei als nächstes folgt.

MATERIAL bunter Fotokartonstreifen (40 cm × 8 cm) ★ weißer Papierstreifen (39 cm × 4 cm) ★ Schere ★ bunte Filzstifte ★ Tacker ★ Teppichmesser

DURCHFÜHRUNG

Bei diesem kleinen Zaubertrick kann man sein Publikum täuschen, indem man scheinbar unendlich viele Eier zaubert. Im Vorfeld wird gemeinsam mit den Kindern der Schiebering für den Zaubertrick vorbereitet. Dafür brauchen die Kinder einen Fotokartonstreifen (ca. 40 cm lang und 8 cm breit). Dieser wird an den Enden mit einem Tacker zu einem Ring verbunden. An zwei Stellen ritzen Sie nun den Ring der Breite nach mit einem Teppichmesser etwa 5 cm ein. Die Ritze sollen in einem Abstand von etwa 7 cm gesetzt werden. Danach malen die Kinder auf einem weißen Papierstreifen (ca. 39 cm × 4 cm) in einem Abstand von etwa 7 cm mehrere Eier mit bunten Filzstiften auf.
Nun den bemalten Papierstreifen durch die beiden Schlitze des bunten Schieberings stecken und die Enden des weißen Papierstreifens mithilfe eines Tackers verbinden.
Schon kann man den Papierstreifen im Schiebering hin- und herschieben und dem Publikum auf diese Weise unendlich viele Eier im Ring präsentieren. Das gelingt aber natürlich nur dann, wenn man auch den richtigen Zauberspruch dafür bereithält. Und dieser geht ganz einfach:

Simsalabim und eins, zwei, drei –
jetzt kommt noch ein buntes Ei!
Dieses kleine tolle Ding
ist ein echter Zauberring.
Fidibus und Schlangenbrei –
welche Farbe hat das nächste Ei?

Fördert: Feinmotorik ★ Merkfähigkeit ★ Sprachrhythmus

Fidibus und Vogelei – Sommersonnen-zauberei!

An warmen **SOMMERTAGEN** bietet es sich wunderbar an, mit den Kindern im Freien zu zaubern und dabei die wärmenden **SONNENSTRAHLEN** zu genießen. Ganz gleich ob mit einem kitzelnden **SONNENZAUBER**, einem schwungvollen Wellenzauber, dem lustigen Flitz-Spritz-Weg-Zauber oder Zauberer Bills Laut-Leise-Still-Zauber – hier gibt es eine Fülle an zauberhaften Impulsen zu entdecken, die natürlich die Sprache fördern, aber auch den Spaßfaktor nicht zu kurz kommen lassen.

Sonnenkitzelspaß

Entspannungs- und Wahrnehmungsübung

Gruppe
ca. 2 Kinder
Alter
ab 4 Jahren
Dauer
je nach Belieben

Diese Sonnenstrahlen wärmen nicht nur, sie kitzeln auch! Bei dem lustigen Sonnenkitzelspaß können sich die Kinder gegenseitig eine zauberhafte Freude bereiten.

MATERIAL gelber Fotokarton ★ gelbe und orangefarbene Federn ★ Matte oder Decke

DURCHFÜHRUNG

Als Vorbereitung wird gemeinsam mit den Kindern eine Kitzelsonne hergestellt. Dafür schneiden die Kinder aus einem gelben Fotokarton einen Kreis mit 10 cm Durchmesser aus. Rund um die Scheibe werden gelbe und orangefarbene Federn aufgeklebt, die als Kitzel-Sonnenstrahlen dienen. Dieser Kitzelzauber bietet sich als Partnerspiel zu zweit an. In einem ruhigen Bereich legt sich ein Kind auf eine Matte oder Decke. Ein weiteres Kind, der Sonnenkitzelzauberer, hält die Kitzelsonne in der Hand und spricht folgenden Zauberspruch:

Sieh mal an, ich komme
mit der Kitzelsonne.
Warte darauf, dass du mir sagst,
wo du das Kitzeln gerne magst.
an dieser Stelle verrät das Kind, wo es gerne gekitzelt werden möchte
Zauber, zauber, grünes Gras,
Sonnenkitzel-Sommerspaß!
Und endet der Genuss,
dann sagst du ganz schnell: Schluss!

Das Kind, das gekitzelt wird, nennt die Körperstelle, an der es gerne gekitzelt werden möchte, z. B. „Zaubersonne, kitzle mich bitte auf der Wange“ etc.

Fördert: Körperwahrnehmung ★ Sprachverständnis

Die Zauberfeder

Eine meditative Entspannungsübung

Gruppe
ca. 6–8 Kinder
Alter
ab 3 Jahren
Dauer
je nach Belieben

Eine schwebende Zauberfeder sorgt für jede Menge Entspannung und lädt die Kinder ein, gezielt zur Ruhe zu kommen und in der Stille Kraft zu tanken.

MATERIAL Feder

DURCHFÜHRUNG

Für diesen Entspannungszauber benötigt man nur eine Feder und einen ruhigen Platz im Gruppenraum oder Garten, wo sich die Kinder im Kreis hinsetzen können. Danach wird zu folgendem Zauberspruch die Feder von einem Kind zum anderen gepustet.

Das hier kennt ein jeder,
es ist die Zauberfeder.
Durch die Luft schwebt sie ganz leicht,
es kann auch sein, dass sie dich streift.
Leg sie zart auf deine Hand
und sei dann einfach ganz gespannt.
Puste sie jetzt schnell vom Fleck,
die Zauberfeder fliegt dann weg.
Fidibus und Spinnenschreck,
die Zauberfeder fliegt gleich weg.
Möchte durch die Lüfte wandern,
von dem einen Kind zum andern.
Ene mene Federspiel –
wo ist das nächste Landeziel?

TIPP Die Kinder können auch an der Textstelle „Fidibus und Spinnenschreck …" einsteigen.

WEITERFÜHRENDE IMPULSE

Möchten Sie den Kindern eine kreative Weiterführung anbieten, kann man bunte Federn auch auf einem Plakat, das mit Kleber eingestrichen wurde, landen lassen, indem man sie vorher von der Handfläche pustet. Ein kuschelweiches, buntes Zufallskunstwerk wird dabei entstehen.

Fördert: Konzentration * Entspannung * Sprachverständnis

Laut – leise – still

Ein auditives Reaktionsspiel

Gruppe
ca. 6–8 Kinder
Alter
ab 4 Jahren
Dauer
ca. 20 Minuten

Laut – leise – still – Zauberer Bill zeigt den Kindern mit seinem Zauberstab an, wie er die Lautstärke gerne regeln möchte. Einmal ist es ganz laut, dann leiser, bis es plötzlich ganz still wird.

MATERIAL verschiedene Orff-Instrumente * Zauberstab (gekauft oder selbst gestaltet)

DURCHFÜHRUNG

Ein Kind schlüpft in die Rolle des Zauberers Bill. Die anderen Kinder erhalten Instrumente wie z. B. Handtrommeln, Klanghölzer, Triangel … Passend zum Zauberspruch und dazu, in welcher Position der Zauberer Bill seinen Zauberstab gerade hält, spielen die Kinder mal laut, mal leiser und mal gar nicht auf ihren Instrumenten.

Ich bin der Zauberer Bill
und zaub're heut, wie ich will.
Steht mein Zauberstab gerade,
ist der Lärm mir eine Plage.
Dann wird es Hokuspokuszill
plötzlich um mich ganz still!
Zeigt mein Zauberstab bergab,
geht es mit dem Lärmen ab.
Hokuspokus Schlangenhaut,
jetzt wird's richtig superlaut!
Hokuspokus runde Kreise,
jetzt wird es mal richtig leise!
Ich zaub're so, wie ich es will,
denn ich bin ja der Zauberer Bill!

Fördert: Konzentration * Aufmerksamkeit * auditive Wahrnehmung

Zauberhafter Wellengang

Schwung und Bewegung erleben

Gruppe
ca. 8–10 Kinder
Alter
ab 3 Jahren
Dauer
ca. 20 Minuten

Der folgende Wellenzauber bringt alles zum Schwanken. Hier fühlt man sich fast so, als wäre man mitten auf dem Ozean!

MATERIAL Schwungtuch oder Spannlaken

DURCHFÜHRUNG

Mit dem folgenden Zauberspruch zaubern die Kinder eine stürmische Wellenflut.
In einem großen Raum oder auch im Garten halten sich die Kinder rundum am äußeren Rand eines Schwungtuches oder eines großen Spannlakens mit beiden Händen fest. Mit folgendem Zauberspruch können sie im Anschluss ein stilles Gewässer in ein aufgewühltes Wellenbad verwandeln. Passend zum Spruch kann immer ein Kind unter das Laken schlüpfen, sich für eine kurze Zeit von der Welle erwischen lassen und danach wieder rasch entfliehen.

Wir schwingen nun ganz munter
einmal rauf und runter.
Schon sieht man auf der Stelle
die erste große Welle.
So geht es nun weiter,
immer, immer heiter.
Abrakadabra, schwing ganz schnelle,
dann folgt die nächste Riesenwelle.
Verschlingt bei starkem Wind
gleich ein ganzes Kind.
Dann geht die Welle wieder rauf,
das Kind flitzt schnell heraus im Lauf.

Fördert: **Gemeinschaftssinn** * **Reaktionsvermögen** * **Sprache in Bewegung erleben**

Flitz-Spritz-Weg-Zauber

Ein nasser Wasserspritzspaß

Gruppe
ca. 4 Kinder
Alter
ab 4 Jahren
Dauer
je nach Belieben

Flitz, spritz und weg! Freche Störenfriede können mit dem Wasserspritzzauber einfach weggezaubert werden. Bei diesem nassen Zauber ist jede Menge Spaß garantiert

MATERIAL Löschpapier oder Klarsichtfolie * Filzstift * Spritzflasche * Glitzerfolie

DURCHFÜHRUNG

Hier wartet ein lustiger Wasserzauber auf die Kinder, der sich am besten an einem warmen Sommertag im Freien anbietet. Ein Kind erhält dabei eine Spritzflasche, die zuvor mit selbstklebender Glitzerfolie beklebt und mit Zauberwasser (Wasser) befüllt wird. Auf fünf Löschpapierblättern oder alternativ auf einer Klarsichtfolie, in die ein weißes Blatt Papier gesteckt wird, werden mit Filzstift je eine Maus, ein Vogel, ein Wurm, ein Zwerg und ein Biber aufgemalt.

Die Zeichnungen werden im Garten nebeneinander auf einer Wäscheleine mit Wäscheklammern aufgehängt.

Nun sprechen Sie den Spruch und ein Kind hält die Zauberspritzflasche in der Hand und zaubert passend zum Spruch immer ein Motiv weg, indem es kräftig auf das Löschpapier spritzt und nach einer Zeit sieht, wie die Farbe darauf verrinnt.

Zauberspritz und Zauberfleck –
was wir nicht wollen, zaubern wir weg!

In dem kleinen Haus
wohnt die freche Maus.
Sagt ein schlimmes Wort,
schimpft es durch den Ort.
Zauberspritz und Zauberfleck –
die kleine Maus, sie ist gleich weg!

Fördert: **Auge-Hand-Koordination** * **Konzentration** * **Sprachverständnis**

Ein kleiner Vogel zwitschert laut,
hat sich am Baum ein Nest gebaut.
Er ist zu laut und macht viel Dreck,
er ist ein echter Vogelschreck.
Zauberspritz und Zauberfleck –
der laute Piepmatz ist gleich weg!

In diesem Turm, da wohnt der Wurm.
Ist stürmisch wie ein Wirbelsturm.
Kriecht hinauf und kriecht hinunter,
macht dabei die Leute munter.
Zauberspritz und Zauberfleck –
der kleine Wurm, er ist gleich weg!

Mitten auf dem Berg
wohnt ein kleiner Zwerg.
Ist ein böser Wicht,
mag die Tiere nicht.
Zauberspritz und Zauberfleck –
der kleine Zwerg, er ist gleich weg!

Auf der alten Leiter
nagen froh und heiter
Biber an dem Holz,
das macht sie richtig stolz.
Doch das darf nicht sein,
sonst bricht die Leiter ein!
Zauberspritz und Zauberfleck –
die Biber müssen einfach weg!

TIPP Anstelle von Löschpapier kann auch Klarsichtfolie verwendet werden, solange zum Malen der Motive kein Permanentmarker benutzt wird.

WEITERFÜHRENDE IMPULSE

Natürlich kann man den Flitz-Spritz-Weg-Zauber auch vereinfachen und nur einzelne Begriffe wegzaubern mit dem Spruch:

„Ene mene Hühnerdreck, das/die/den ... zaubere ich jetzt weg!".

Gruppe
ca. 6–8 Kinder
Alter
ab 4 Jahren
Dauer
je nach Belieben

Der Wechsel der Jahreszeiten

Die Jahreszeiten anschaulich erleben

Welche Jahreszeit kommt eigentlich nach dem Herbst? Damit die Kinder den Wechsel der Jahreszeiten verstehen, kann dieser Zauber helfen.

MATERIAL weißes DIN-A4-Papier ★ Locher ★ Laminierfolie ★ Laminiergerät ★ Wollschnur ★ Stofftuch (Zaubertuch)

DURCHFÜHRUNG

Die Kinder malen vorab auf vier weißen Papierblättern (DIN A4) je ein Symbol für die entsprechende Jahreszeit. Für den Winter malen die Kinder z. B. Schneekristalle auf, für den Herbst bunte Blätter, für den Frühling Blumen und für den Sommer ein Sonnenblumenfeld.
Die Blätter werden laminiert, am oberen Rand mit einem Locher zwei Löcher gestanzt und mithilfe einer Wollschnur locker zusammengeknotet. Ist das Jahreszeitenzauberheftchen fertig, kann auch schon gezaubert werden. Für diesen Zaubertrick braucht der Zauberer einen Assistenten, der das Zaubertuch hält. Der Zauber beginnt beim Herbst. Der Zauberer zeigt den Kindern das Bild mit den Herbstblättern. An der Stelle „Eins, zwei, drei – der Herbst ist jetzt auch schon vorbei" hält der Assistent das Zaubertuch vor das Heftchen und der Zauberer blättert in der Zwischenzeit eine Seite weiter. Schon kann man das Bild vom Winter sehen. Auf diese Weise wird immerzu weitergezaubert und der Jahreszeitenwechsel wird spielerisch verdeutlicht.

Fördert: Naturwissen ★ Wortschatz

Vier Jahreszeiten hat das Jahr –
der Wechsel, der ist wunderbar.

Im Herbst, da kann man sehen,
wie bunte Blätter wehen.
Eins, zwei, drei –
der Herbst ist jetzt vorbei!
Acht, neun und zehn –
wir können den Winter sehn!

Im Winter kann man sehen,
wie Schneesterne entstehen.
Eins, zwei, drei –
der Winter ist vorbei!
Acht, neun und zehn –
wir können den Frühling sehn!

Im Frühling kann man sehen,
wie Käfer munter gehen.
Eins, zwei, drei –
der Frühling ist vorbei!
Acht, neun und zehn –
wir können den Sommer sehn!

Im Sommer kann man sehen,
dass Sonnenblumen stehen.
Eins, zwei, drei –
der Sommer ist vorbei!
Acht, neun und zehn –
wir können den Herbst sehn.

WEITERFÜHRENDER IMPULS

Ermutigen Sie die Kinder sich im gemeinsamen Gespräch zu überlegen, welche Symbole oder Entdeckungen noch typisch für die jeweiligen Jahreszeiten sind. So kann man gemeinsam einen Jahreszeitenwortschatz sammeln.

Auf dem Bauernhof ist was los!

Ein lustiges Wortschatzspiel

Gruppe
ca. 6–8 Kinder
Alter
ab 3 Jahren
Dauer
ca. 15 Minuten

Hier wird tierisch gezaubert und spielerisch der Wortschatz erweitert! Die kleinen Zauberkünstler können die Tiere dabei unterstützen, damit ihr Zauber gelingt, und sehen, was beim Zaubern entsteht.

MATERIAL weißes Papier ★ Filzstifte ★ Schere ★ Zaubertuch (Stofftuch oder Serviette)

DURCHFÜHRUNG

Vor dem lustigen Bauernhofzauber gestalten die Kinder Bildkarten von Tieren und jenen Dingen, die die Tiere letztendlich zaubern. Dafür wird auf einem weißen Papier (Größe ca. 10 cm × 10 cm) auf der Vorderseite jeweils das Bauernhoftier mit Filzstiften aufgemalt und auf der Rückseite jenes Produkt, das das Tier zaubert, z. B. Kuh – Glas Milch.
Sind alle Karten hergestellt, kann der Zauber beginnen. Ein Kind legt dabei immer an der Stelle „Hokuspokus" über die entsprechende Tierbildkarte ein Tuch. Während mit einer Hand das Zaubertuch über die Karte gehalten wird, dreht das Kind mit der anderen Hand die Bildkarte schnell um. So gelingt der spannende Bauernhofzauber.

Fördert: **Konzentration** ★ **Wortschatz**

Auf dem Bauernhof
ist der Zauber los.
Dort zaubern Tiere,
klein und groß!

Im Stall, da steht die Kuh
und ruft den Kindern zu:
Hokuspokusknilch,
ich zaub're euch die Milch!

Die Hühner gackern laut:
Wir zaubern auch, kommt, schaut!
Hokuspokus Geier,
wir zaubern gute Eier!

Auf der Weide blökt das Schaf:
Ich kann zaubern, auch im Schlaf!
Hokuspokus Blütenknolle,
ich zaubere euch weiche Wolle!

Die Ziege meckert froh,
das Zaubern mach ich so:
Hokuspokus Fräse,
aus meiner Milch wird Käse.

Nur das kleine Schwein,
das lässt das Zaubern sein.
Weil's nicht zaubern kann,
suhlt sich's hier im Schlamm!

Kirschbaumzauber

Vom Wachsen der Früchte

Gruppe
ca. 6–8 Kinder
Alter
ab 4 Jahren
Dauer
je nach Belieben

Im Sommer tragen die Bäume Früchte und das ist wunderbar. Doch manchen Bäumen muss man für diesen Erfolg erst mit dem passenden Zauberspruch helfen, damit auch sie Früchte tragen können.

MATERIAL weißer Fotokarton ★ Filzstift ★ Schere, Rundholz (Länge ca. 10 cm) ★ Kleber (Heißkleber) ★ Zaubertuch

DURCHFÜHRUNG

Als Vorbereitung gestalten die Kinder das Bäumchen. Dafür malen sie auf weißen Fotokarton einen Baum mit grünen Blättern, aber ohne Früchte auf. Danach wenden sie den Karton und malen einen ähnlichen Baum mit Früchten (z. B. Kirschen) auf. Am unteren Rand des Fotokartons befestigen Sie ein etwa 10 cm langes Rundholz. Ist alles vorbereitet, kann der Täuschungszauber beginnen.
Der Zauberer hält sein Bäumchen am Stab so zum Publikum hin, dass man das kahle Bäumchen (ohne Früchte) sehen kann. Anschließend spricht er den Zauberreim.
An der Stelle „Hokuspokus …" legt er ein Zaubertuch über das aufgemalte Bäumchen und dreht währenddessen den Stab in der Hand. Ist der Spruch fertig gesprochen und das Tuch entfernt, können die Zuschauer das Kirschbäumchen mit den reifen Früchten sehen.

Dieses Bäumchen hier lässt fragen:
„Darf ich auch mal Früchte tragen?"
Rote Kirschen, grüne Blätter –
das macht das Bäumchen gleich viel netter.
Hokuspokus, acht, neun, zehn –
jetzt kann man viele Kirschen sehn!

Fördert: **Konzentration** ★ **Sprachrhythmus** ★ **Sprachverständnis**

Hokuspokus Knisterblatt – im HERBST, da findet Zauber statt!

Die Natur zeigt sich im **HERBST** von einer besonders interessanten, farbenfrohen Seite und auch ansonsten ist die Jahreszeit natürlich kunterbunt. Da bieten sich gleich viele Gelegenheiten für lustige Farb- oder Tanzzauber. Sie werden sehen, dass die Sprachförderung im **HERBST** besonders bunt aussehen kann und zu kreativen Sprachspielereien verlockt.

Der Igel auf dem Ziegel

Ein Präpositionszauber

Gruppe
ca. 4–6 Kinder
Alter
ab 5 Jahren
Dauer
je nach Belieben

Vorne, hinten, oben, unten – dieser Igel wird flink von einem Ort zum nächsten gezaubert!

MATERIAL brauner Tonkarton ★ Styroporstück (oder ein echter Ziegel) ★ rote Schulmalfarbe ★ Zaubertuch (Stofftuch oder Seidentuch)

DURCHFÜHRUNG

Die Kinder gestalten vorab einen Igel. Dieser kann z. B. aus braunem Tonkarton ausgeschnitten und im Anschluss laminiert werden. Für den Ziegel kann z. B. ein Styroporstück genommen werden, das mit roter Acrylfarbe bemalt wurde.
Ein Kind schlüpft in die Rolle des Präpositionszauberers und setzt den Igel an die gewünschte Stelle auf, neben, hinter, vor ... den Ziegel. Damit es einen Überraschungseffekt gibt, wird vor der Umplatzierung ein Zaubertuch über die Hand des Kindes gelegt, in der es den Igel hält.

Auf dem roten Ziegel
sitzt der kleine Igel.
Will schnell von hier fort
zu einem anderen Ort.
Mit Echsenbein als Zauberwort
zauberst du den Igel fort!
Hokuspokus Echsenbein –
der Igel soll woanders sein!

Hinter dem roten Ziegel
sitzt der kleine ...

Neben ...
Vor ...

Fördert: Kennenlernen und Festigen von Präpositionen ★ Aufmerksamkeit

Der Rüttel-Schüttel-Zauber

Gezielte Muskelentspannung

Gruppe
ca. 6 Kinder
Alter
ab 4 Jahren
Dauer
je nach Belieben

Hier wird gerüttelt und geschüttelt, bis der Baum die Blätter komplett verliert. Aber das gelingt nur mit dem lustigen Rüttel-Schüttel-Zauber!

MATERIAL gesammelte Blätter (alternativ dazu ausgeschnittene Blätter aus Buntpapier)

DURCHFÜHRUNG

Bei diesem Zauberspruch braucht der Zauberer einen Assistenten, der in die Rolle des Baumes schlüpfen möchte und die Bewegungen passend zum folgenden Zauberspruch ausführt.
Das Kind, das als Assistent die Rolle des Baumes übernimmt, steht am Anfang still da und streckt beide Arme waagerecht zur Seite. Diese stellen die Äste des Baumes dar. Nun werden an den Armen, Schultern, Füßen und am Kopf mehrere Blätter aufgelegt.
Zu folgendem Spruch, den der Zauberer zusammen mit der pädagogischen Fachkraft spricht, rüttelt und schüttelt sich der Baum, so gut er kann, und wirft dabei alle Blätter ab.

Findet der Rüttel-Schüttel-Zauber statt,
dann wirft der Baum die Blätter ab.
Er schafft es nur mit dem richtigen Wort:
Mit Rüttel-Schüttel-Zaubersport
sind im Nu die Blätter fort.

TIPP Natürlich kann man diesen Spruch auch wunderbar in eine kurze Herbstgeschichte einfließen lassen.

Fördert: **Konzentration** ⋆ **aktive Körperwahrnehmung**

Gruppe
ca. 6–8 Kinder
Alter
ab 3 Jahren
Dauer
je nach Belieben

Wirbelwind und Blätterkind

Ein stürmischer Herbsttanz

Dieser Herbstzauber lässt die kleinen Akteure mit der passenden Windbrise lustig durch die Gegend tanzen und verbreitet dabei eine zauberhafte Herbststimmung.

MATERIAL blaues Chiffontuch ⋆ Stoffband ⋆ gesammeltes Laub ⋆ doppelseitiges Klebeband oder Klebeknete ⋆ Pappröhre ⋆ Schulmalfarbe

DURCHFÜHRUNG

Zur Vorbereitung des stürmischen Herbsttanzes wird auf einem Stoffband mit doppelseitigem Klebeband oder Klebeknete das gesammelte Laub aufgeklebt. Eine Pappröhre mit Schulmalfarbe rundum bunt bemalen, diese dient später als Zauberstab.
Anschließend kann munter getanzt und gleichzeitig gezaubert werden! Ein Kind bekommt an eine Hand ein blaues Chiffontuch geknotet. Ein anderes Kind erhält das Stoffband mit bunten Blättern. Danach tanzen die beiden Kinder einen Stop-and-go-Zaubertanz.
Ein weiteres Kind schlüpft in die Rolle des Tanzzauberers und gemeinsam mit dem/der Erzieher*in wird der Zauberspruch gesprochen. Die tanzenden Kinder hören genau hin und bewegen sich oder stehen still – passend zum Spruch:

Fördert: Sprachverständnis ⋆ Koordination ⋆ Körperwahrnehmung

Wirbelwind und Blätterkind
tanzen heute ganz geschwind.
zwei Kinder fassen sich an den Händen

Drehen sich im Kreise –
auf dieselbe Weise.
die Kinder drehen sich im Kreis

Bei Hokuspokus Zill –
stehn beide Kinder still.
die Kinder stehen still

Sprichst du den Zauber ganz,
beginnt der Blättertanz:
Ene mene Ranzen –
ihr sollt nun wieder tanzen!
die Kinder beginnen erneut zu tanzen

WEITERFÜHRENDE IMPULSE

Wenn man möchte, kann man zum Tanz der Kinder auch noch einen bunten Blätterregen einbauen:

Ene mene bunter Segen –
jetzt folgt gleich ein Blätterregen!

Kunterbunter Farbzauber

Farben erkennen, benennen und mischen

Gruppe
ca. 4 Kinder
Alter
ab 3 Jahren
Dauer
je nach Belieben

Der folgende Farbzauber begeistert bestimmt alle! Mit einem kleinen Zaubertrick, den Zauberstäben und etwas Hokuspokuskunterbunt kann man klares Wasser im Nu in farbiges verwandeln.

MATERIAL Trinkhalme (umweltfreundlich) ★ Lebensmittelfarbpulver ★ Gläser mit Wasser

DURCHFÜHRUNG

Stellen Sie die oben genannten Materialien auf einem Tisch bereit. Bereiten Sie vier Wassergläser auf einem Tablett vor. Füllen Sie in die obere Öffnung von vier Trinkhalmen eine Prise Lebensmittelpulver in den Farben Rot, Gelb, Blau und Grün. Übersichtlich wird es, wenn die Trinkhalme dieselbe Farbe wie das Lebensmittelfarbpulver aufweisen.
Ein Kind oder auch vier Kinder (pro Farbe ein Kind) schlüpfen in die Rolle des Farbzauberers und färben passend zum Zauberspruch das Wasser, indem sie das Pulver während des Zauberns in das Wasserglas streuen und dieses anschließend mit dem Zauberstab (dem Trinkhalm) verrühren.

Bei uns hier geht es rund –
wir zaubern heute alles bunt.
Das klare Wasser färben wir,
mit Zauberstäben – zwei, drei, vier.
Wir fangen jetzt zu zaubern an
und Rot kommt nun als Erstes dran.
Den Zauberstab, den nehmen wir,
und zählen langsam – zwei, drei, vier.
Mit Hokuspokuskunterbunt
färben wir das Wasser bunt.

Fördert: **Konzentration** ★ **Farbbegriffe festigen**

Man sieht es schon und glaubt es kaum,
das Wasser ist rot – das ist kein Traum!
Wir zaubern nun ganz heiter
immer wieder weiter.

Wir fangen nun von vorne an,
der blaue Stab, der ist jetzt dran.
Wir zaubern nun mit diesem hier
und zählen langsam – zwei, drei, vier.
Mit Hokuspokuskunterbunt
färben wir das Wasser bunt.
Man sieht es schon und glaubt es kaum,
das Wasser ist blau – das ist kein Traum!

Wieder fängt's von vorne an,
der gelbe Stab, der ist jetzt dran.
Wir zaubern nun mit diesem hier
und zählen langsam – zwei, drei, vier.
Mit Hokuspokuskunterbunt
färben wir das Wasser bunt.
Man sieht es schon und glaubt es kaum,
das Wasser ist gelb – das ist kein Traum!

Wieder fängt's von vorne an,
der grüne Stab, der ist jetzt dran.
Wir zaubern nun mit diesem hier
und zählen langsam – zwei, drei, vier.
Mit Hokuspokuskunterbunt
färben wir das Wasser bunt.
Man sieht es schon und glaubt es kaum,
das Wasser ist grün – das ist kein Traum!

Mit Zauberstäben kunterbunt
zaubern wir das Wasser bunt!

TIPP Bevor die Kinder das Pulver in das Wasserglas leeren, muss der Stab ruhig und waagerecht gehalten werden. Die Kinder können die einzelnen Farben später noch mischen und sehen, welche weiteren Farben dann entstehen.

Großer Riese und kleiner Zwerg

Ein lustiges Bewegungsgedicht

Gruppe
ca. 6 Kinder
Alter
ab 3 Jahren
Dauer
ca. 20 Minuten

Sieh mal an, was ich alles kann! Bei diesem Mitmachzauber werden nicht nur Geschicklichkeit und Selbstbewusstsein gestärkt, sondern auch die Freude an kreativen Bewegungsmustern.

DURCHFÜHRUNG

Bei diesem Mitmachzauber können die Kinder ihr körperliches Geschick und ihre Teamfähigkeit unter Beweis stellen. Passend zum Mitmachzauber, der von Ihnen vorgelesen wird, machen die Kinder die entsprechenden Bewegungen dazu. Vorab finden sich immer zwei Kinder zusammen und es wird ausgemacht, welches Kind in die Rolle des Riesen und welches in die Rolle des Zwerges schlüpft.
Am Ende können die Kinder gemeinsam durch den Raum oder den Garten „fliegen".

Großer Riese, kleiner Zwerg
stehen auf dem Zauberberg.
die beiden Kinder stellen sich nebeneinander,
einer ist der Zwerg und einer der Riese

Schaun sich heute beide an,
wie gut der andre zaubern kann.
die Kinder sehen sich an

Der kleine Zwerg auch schon beginnt:
Hokuspokus, Himmelskind,
ich tanze heute ganz geschwind,
so wie der schnelle Sausewind.
der Zwerg tanzt lustig im Kreis

Fördert: Geschicklichkeit ★ Sprachverständnis ★ Sprache in Bewegung umsetzen

Ich tanze hin und tanze her,
das Drehen fällt mir auch nicht schwer.
der Zwerg tanzt einmal nach rechts und einmal nach links und dreht sich dann im Kreis

Arme rauf und Arme nieder,
das mache ich nun immer wieder.
der Zwerg streckt die Arme hinauf und dann hinunter

Jetzt ist der Riese aber dran
und fängt nun auch zu zaubern an:
Ene mene Warzenschwein –
ich stehe jetzt auf einem Bein.
der Riese steht auf einem Bein

Ene mene Zange,
das kann ich wirklich lange!
Ich wechsle auf das andere Bein,
ja, das muss dann auch mal sein.
der Riese wechselt nun auf das andere Bein und steht auf diesem

Fidibus und weiches Moos –
jetzt mache ich mich ganz schnell groß.
der Riese streckt die Arme in die Höhe und macht sich ganz groß

Ich strecke meine Arme rauf
und reiche zu den Wolken hinauf.
Fidibus und Stachelschwein,
jetzt mache ich mich winzig klein.
der Riese kauert sich zusammen und macht sich ganz klein

Der kleine Zwerg will nicht mehr ruhn
und möchte auch noch etwas tun.
Der kleine Wicht nun ganz schnell spricht.
Jetzt folgt ein lustiges Gedicht:

der Zwerg spricht gemeinsam mit dem/der Erzieher*in den folgenden Spruch

Denn du bist groß und ich bin klein –
wir wollen nicht alleine sein.
Zusammen zaubern wir,
auf dem Berge, hier.
Ich bin klein und du bist groß –
jetzt geht unsre Reise los.
Ich stelle mich nun vor dich hin,
das macht man kurz vor dem Beginn.

der Zwerg stellt sich vor den Riesen und beide Kinder strecken die Arme zur Seite

Wir halt'n uns an den Händen fest
und machen dann den Abflugtest.

beide Kinder fassen sich fest an den Händen

Dann strecken wir die Arme aus
und fliegen in die Welt hinaus.
Ziegenbart und fünf, sechs, sieben –
merkst du's schon? Juhu, wir fliegen!

die Kinder laufen „fliegend" durch den Raum

Ein Geist um Mitternacht

Eine Gruselaktion für Mutige

Gruppe
ca. 6–8 Kinder
Alter
ab 4 Jahren
Dauer
je nach Belieben

Im Herbst sind die Kinder gerne für so manchen gespenstischen Zauber zu haben. Diese Aktion sorgt für richtigen Gruselspaß rechtzeitig zu Halloween.

MATERIAL Taschenlampe * ein Stück Laminier- oder Klarsichtfolie * Permanentmarker * Klebeband * Schere * Triangel

DURCHFÜHRUNG

Vor dem gruseligen Zauber bereiten Sie gemeinsam die Zaubertaschenlampe vor. Dafür wird mit einem Permanentmarker auf einer Folie (die der Größe der Leuchtfläche der Taschenlampe entspricht) ein Gespenst aufgemalt. Anschließend wird die Folie mit Klebeband rund um die Leuchtfläche befestigt. Schaltet man die Taschenlampe an, kann man so das Gespenst auf eine Wand projizieren. Aber natürlich gelingt das nur mit dem entsprechenden Zauberspruch.
In einem abgedunkelten Raum sitzend nehmen die Kinder am besten vor einer leeren Wand Platz. Im Vorfeld wird schon angekündigt, dass heute ein gespenstischer Zauber ausgeführt wird. Ein Kind schlüpft dafür in die Rolle des Gruselzauberers und hält die Taschenlampe in der Hand. Ein anderes Kind bekommt die Triangel, auf der es bei der Textstelle „Jetzt schlägt die Uhr …" zwölfmal schlagen darf. An der Stelle „Abrakadabra, Hexenmacht …" projiziert der Zauberer den Geist an die Wand. Bestimmt möchten die Kinder den gruseligen Zauber öfter wiederholen.

Hast du etwas Mut?
Dann passt der Zauber gut.
Jetzt schlägt die Uhr gleich Mitternacht,
schau an die Wand und gib gut acht:
Abrakadabra, Hexenmacht,
um Mitternacht der Geist erwacht!
Huhu!

Fördert: visuelle Wahrnehmung * phonologische Bewusstheit

Gruppe
ca. 4 Kinder
Alter
ab 4 Jahren
Dauer
je nach Belieben

Zack – knack – auf die Nuss

Eine Übung mit Kraft und Geschmack

Das Knacken von Nüssen ist im Herbst bei Kindern eine sehr beliebte Tätigkeit. Die Spannung beginnt schon beim gemeinsamen Sammeln der Nüsse, geht über das Knacken bis hin zum leckeren Nussgenuss beim Essen.

MATERIAL Holzbrett ⋆ größerer Stein ⋆ Nüsse

DURCHFÜHRUNG

Nehmen Sie sich vorab Zeit, um mit den Kindern die Eigenschaften der Herbstfrucht zu besprechen: Die Nussschale ist hart, rund und braun. Der Kern ist auch braun und knackig. Wie schmeckt die Nuss? Bestimmt kann jedes Kind die Geschmacksrichtung individuell beschreiben.
Mit einem Zauberstein können die Kinder ihre Nüsse selbst knacken und haben sie den passenden Zauberreim parat, lässt sich die Nuss noch flinker öffnen. Dazu legen die Kinder die gesammelten Nüsse auf ein Holzbrett und knacken diese mit einem größeren Stein auf. Aber Achtung! Lassen Sie die Kinder dabei bitte nicht unbeobachtet, damit beim Aufklopfen der harten Schale keiner verletzt wird.

Harte, braune Schale,
brauner, fester Kern.
Runde, braune Nüsse,
die esse ich sehr gern.
Möchte ich zum Kern hinein,
knacke ich sie mit dem Stein.
Hokuspokus Fidibus –
zack – knack – und dann auf die Nuss.

Hinweis Im Vorfeld muss natürlich abgeklärt werden, dass keines der Kinder eine Nussallergie oder -unverträglichkeit hat!

Fördert: Sprachverständnis ⋆ Motorik ⋆ Sprache in Bewegung umsetzen

Ene mene meis – im Winter zaubern mit Schnee und Eis!

Die **KÜHLE, FROSTIGE JAHRESZEIT** bietet die Möglichkeit verschiedener Wahrnehmungserfahrungen. Warm und kalt, Wasser in seinen unterschiedlichen Aggregatzuständen, die mit dem richtigen Zauberspruch verändert werden … Das Spiel im kalten Schnee stellt zudem stets etwas Faszinierendes für Kinder dar. Welche Merkmale hat der **WINTER** eigentlich und was passt nicht dazu? Eine saftige Blumenwiese gehört eindeutig nicht zum **WINTER**. Schaffen es die kleinen Zaubermeister, das Jahreszeitenwirrwarr richtigzustellen?

Farbige Eisschmelze

Ein frostiges Experiment

Gruppe
ca. 6–8 Kinder
Alter
ab 4 Jahren
Dauer
ca. 20 Minuten

Ein Zauberkünstler muss nicht auf die Sonne warten, wenn er Eis schmelzen möchte. Das funktioniert auch wunderbar mit den passenden Zauberutensilien und den richtigen Zauberworten.

MATERIAL Eiswürfelbehälter * Lebensmittelfarbe * Fön * Serviertablett

DURCHFÜHRUNG

Im Winter ist es oft eisig kalt. Dann kann man beobachten, wie sich im Freien Eiszapfen bilden. Kommt die Sonne heraus, beginnt ein lustiger Schmelzzauber. Da wird aus Eis plötzlich wieder Wasser. Diesen Schmelzzauber können die Kinder beim folgenden Zauberexperiment selbst steuern und erleben.
Im Vorfeld werden mit den Kindern Eiswürfel gemacht. Toll sieht es aus, wenn man diese mit Lebensmittelfarbe bunt einfärbt. Waren die Eiswürfel einige Zeit im Gefrierschrank, werden sie auf ein Tablett gelegt und die Kinder können mit dem Schmelzzauber beginnen. Natürlich braucht man dafür den passenden Zauberspruch und einen Fön.
Das Kind, das den Fön in der Hand hält, spricht den Zauberspruch und bläst mit dem Fön so lange auf den Eiswürfel, bis er schmilzt.

Ene mene Stelze,
heut kommt die große Schmelze.
Das Eis wird plötzlich nasser,
es wird zu klarem Wasser.
Ene mene Stelzen,
das Eis wird jetzt schnell schmelzen!

Fördert: Naturwissen * Verständnis für physikalische Vorgänge und Abläufe * Wortschatz

Wo ist das Ei des Pinguins?

Unberechenbarer Ratespaß

Gruppe
ca. 6–8 Kinder
Alter
ab 4 Jahren
Dauer
je nach Belieben

Pinguine brüten ihren Nachwuchs selbst aus und sind dabei sehr behutsam mit ihren Eiern. Da darf keines verloren gehen. Und wenn sie viele Eier legen, dann kann man schon mal den Überblick verlieren.

MATERIAL drei Papptrinkbecher * drei Plastikeier * Permanentmarker

DURCHFÜHRUNG

Vorab wird auf drei Trinkbechern mit Permanentmarker je ein Pinguin auf der Außenseite eines umgedrehten Trinkbechers aufgemalt. Anschließend werden drei Plastikeier (z. B. von Überraschungseiern) unter die umgedrehten Becher gelegt. Der Zauberer übt vorab, die Becher mit den Eiern hochzuheben, indem er die Pappbecher beim Aufheben zusammendrückt. Möchte er das Ei zeigen, hebt er den Becher einfach hoch, ohne ihn zusammenzudrücken.
Nun kann ein lustiger Täuschungszauber beginnen. Die Becher werden auf einem Tisch aufgestellt und der Zauberer zeigt dem Publikum, dass sich unter jedem Becher ein Ei befindet. Jeder Pinguin brütet also gerade ein Ei aus. Dann spricht der Zauberer gemeinsam mit Ihnen den Zauberspruch. Nach der letzten Zeile darf ein Kind mit dem Finger zu einem Becher zeigen, unter dem es ein Ei vermutet. Der Zauberer hat nun die Wahl, ob er das Ei wegzaubern oder einfach so hochheben und das Ei zeigen möchte. Es liegt ganz in der Hand des Zauberers, wie er sich entscheiden möchte.

Der Pinguin, der legt ein Ei –
oder sind es etwa zwei?
Auch ein drittes ist dabei!
Ich zaub're sie nun schnell herbei,
Nun rate jetzt: Wo ist das Ei?
Und ist es eins, sind's zwei, gar drei?
Pinguin und Südpolzauberei –
sag es mir: Wo ist das Ei?

Fördert: Konzentration * Merkfähigkeit * Sprachrhythmus * Sprachverständnis

Der Mann aus Schnee

Eine Malaktion mit Überraschungseffekt

Gruppe
ca. 1–2 Kinder
Alter
ab 5 Jahren
Dauer
ca. 15 Minuten

Dieser Mann hier ist aus Schnee. Doch kommt der Regen – oh weh, oh weh –, dann ist er fort, der Mann aus Schnee! Dieser Malzauber macht den Kindern bestimmt viel Spaß und sorgt für Spannung!

MATERIAL Löschpapier (oder aufgeschnittene Kaffeefilter) * blauer Filzstift * Schüssel mit Wasser * Löffel

DURCHFÜHRUNG

Diesen Zauber kann man am besten einzeln oder mit maximal zwei Kindern durchführen. Da es sich um einen langen Mitmach-Mal-Zauber handelt, wird der Spruch von Ihnen langsam vorgetragen und die Kinder malen ihr Bild vom Schneemann Schritt für Schritt passend zum Text. An der Stelle „Doch kommt der Regen …" träufeln die Kinder mit einem Löffel Wasser über ihr Bild und sehen zu, wie sich der Schneemann wieder auflöst.

Fördert: Graphomotorik * Sprache in Bewegung umsetzen

Aus drei großen Kugeln besteht der Mann –
das sieht man ihm als Erstes an.
Den Körper kann man schon erkennen –
und die Teile schnell benennen.
Die oberste Kugel wird der Kopf
und darauf folgt ein runder Topf.
Der Topf, er dient als Hut,
er steht dem Mann sehr gut.
Und auch mitten im Gesicht
fehlt die Karottennase nicht!
Zwei Augen schwarz und rund –
und unten noch ein Mund.
Nen Besen hält er in der Hand –
der Mann ist keineswegs aus Sand.
Er ist aus Schnee und jeder weiß,
dass dieser Mann hier Schneemann heißt.
Doch kommt der Regen – ach du Schreck –,
dann zaubert er den Schneemann weg!

Schnee, Schnee, Schnee

Eine erfrischende Bewegungsaktion

Gruppe
ca. 6–8 Kinder
Alter
ab 3 Jahren
Dauer
ca. 20 Minuten

Hier schneit es! Doch erst wenn die Zauberfee, ganz wie Frau Holle, ihr Kopfkissen ausschüttelt, kann man den weißen Zauber sehen und spüren.

MATERIAL Kopfkissenbezug * Watte

DURCHFÜHRUNG

Bevor der Schneezauber beginnen kann, bereitet die Zauberfee ihr Schneekissen vor. Dafür werden einfach in einen Kopfkissenbezug mehrere Wattestückchen gefüllt. Danach wird der Kissenbezug offen gelassen und passend zum Zauberspruch schüttelt die Zauberfee den Schnee im Raum aus. Die Kinder können die Textstelle „Ene mene weißer Schnee – überall wohin ich seh!" einfach immer wiederholen und die Fee schüttelt ihr Kissen aus.

Wenn es kalt wird, kann man sehen,
wie die weißen Flocken wehen.

Fallen jetzt von oben nieder –
auf die Erde immer wieder.
die Kinder können ihre Finger von oben nach unten zappeln lassen

Die flinke kleine Zauberfee
schüttelt aus den ganzen Schnee!
die Zauberfee schüttelt das Kopfkissen aus und verteilt den Schnee überall im Raum

Ene mene weißer Schnee –
überall wohin ich seh!
die Kinder laufen schnell durch den Raum und sammeln dabei alle Schneeflocken ein, dann kann das Spiel nach Wunsch von Neuem beginnen

Fördert: Reaktionsvermögen * Wortschatz * Motorik

Der Zauberstern

Training für geschickte Finger

Gruppe
ca. 6 Kinder
Alter
ab 5 Jahren
Dauer
je nach Belieben

Zaubersterne lassen sich auch aus ungewöhnlichen Gegenständen herbeizaubern, wenn man den richtigen Trick dazu kennt und geschickte Finger hat.

MATERIAL Zollstock

DURCHFÜHRUNG

Im Vorfeld üben die Kinder gemeinsam mit Ihnen, aus einem Zollstock einen Stern zu formen. Dafür werden drei ineinandergreifende Dreiecke geformt. Man kann auch aus je zwei Zollstockelementen einen fünfzackigen Stern formen. Mit ein bisschen Übung hat man den Stern im Nu geformt. Sind die Kinder dabei richtig schnell, kann man den Zauber mit dem passenden Zauberspruch vor Publikum zeigen.

Aus diesem Teil, das sag ich gern,
entsteht im Nu ein toller Stern.
Ich forme viele Ecken,
dann kannst du was entdecken!
Fidibus und Apfelkern,
gleich sieht man hier nen großen Stern!

Fördert: Geschicklichkeit ⋆ Feinmotorik ⋆ Begriffsbildung

Ein müder Bär hat's schwer!

Ein Mitmachgedicht zum Wachwerden

Gruppe
ca. 6–8 Kinder
Alter
ab 3 Jahren
Dauer
ca. 25 Minuten

In der kalten, teilweise düsteren Jahreszeit kommt es schon mal vor, dass man besonders müde und schlapp durch den Tag geht. Dem kleinen Bären geht es genauso. Doch die Zaubermaus kennt da einen Trick, der müde Bären ganz schnell wieder wach zaubert und Schwung in den Tag bringt.

MATERIAL Decken oder Matten

DURCHFÜHRUNG

Die Kinder gehen bei diesem Aufweckzauber paarweise zusammen. Ein Kind schlüpft in die Rolle des müden Bären und legt sich auf eine Decke oder Matte. Das andere Kind schlüpft in die Rolle der Maus und vollbringt den Aufweckzauber. Passend zum Spruch, den Sie nun vortragen, führen die Kinder die Bewegungen aus. Anschließend können die Rollen auch getauscht werden.

Das hier ist ein müder Bär,
das Stapfen fällt ihm heute schwer.
Er schleppt sich müde durch den Raum,
er geht ganz langsam, schafft es kaum.
ein Kind schlüpft in die Rolle des Bären und stapft langsam durch den Raum

Dann setzt er sich aufs Bett,
ein Nickerchen wär nett.
der Bär setzt sich auf eine Decke oder Matratze

Er legt sich in das Bettchen rein,
die Augen werden richtig klein.
der Bär legt sich hin und schließt die Augen

Fördert: Sprache in Bewegung umsetzen * Körperwahrnehmung

Schon schnarcht der Bär
und schläft im Nu,
sei ganz leise und hör zu!
der Bär schnarcht laut

Er schnarcht dabei so laut,
dass es allen graut!
der Bär schnarcht noch lauter

Dann kommt die kleine Maus,
denn die hält's nicht mehr aus!
Sie klettert auf seinen Bauch,
das können kleine Mäuse auch.
die Maus führt das Klettern und das am Bauch des
Bären Herumsausen mit der Hand vorsichtig aus

Dann saust sie hin und her,
das fällt der Maus nicht schwer.
Sie läuft dann auch im Kreise
auf flinke Mäuseweise.
Und weil die Maus das kann,
fängt sie zu zaubern an:
Hokuspokus, wilder Bach –
du müder Bär, du wirst jetzt wach.
der Bär öffnet die Augen

Hokuspokus, alter Stecken –
jetzt kannst du dich richtig strecken!
der Bär streckt sich

Hokuspokus, steh jetzt auf
und mache gleich den schnellen Lauf!
der Bär läuft schnell im Raum herum

Hokuspokus, komm, mach mit,
dann bist du wieder richtig fit!
die beiden Kinder laufen gemeinsam durch den Raum

Jahreszeitenwirrwarr

Eine spannende Aufmerksamkeitsübung

Gruppe
ca. 6–8 Kinder
Alter
ab 4 Jahren
Dauer
je nach Belieben

Was ist denn hier passiert? Da stimmt doch etwas nicht! Frühling, Sommer, Herbst und Winter sind wohl durcheinandergeraten – es wird Zeit, das Jahreszeitenwirrwarr richtigzustellen!

MATERIAL blaues Papier oder Tuch ★ Legematerialien für den Winter (z. B. Watte, blaue Glassteine, Bildkarten mit Wintersymbolen wie Schneemann, Skifahrer, Eisläufer ...) ★ Legematerialien für die anderen Jahreszeiten (z. B. bunte Blätter, Seidenblumen ...)

DURCHFÜHRUNG

Zunächst wird mit den Kindern besprochen, welche Kennzeichen die Jahreszeit Winter ausmachen. Woran erkennt man, dass es Winter ist? Bestimmt fällt den Kindern dazu einiges ein. Danach wird gemeinsam ein Winterbild gelegt. Die Kinder sitzen im Kreis, in die Mitte wird ein blaues Papier oder Tuch gelegt und aus Sammelbildern oder anderen Materialien ein Winterbild gelegt. Natürlich kann dieses auch mit Zeichnungen der Kinder ergänzt werden.
Danach schließt ein Kind die Augen oder verlässt kurz den Raum. Ein weiteres Kind legt anschließend auf das Winterbild einen Gegenstand oder ein Bild, das nicht zu dieser Jahreszeit passt, z. B. Seidenblumen oder ein Bild eines Schmetterlings.
Das andere Kind, der Jahreszeiten-Ordnungshüter, kommt anschließend wieder zurück in den Raum oder öffnet die Augen und muss zu folgendem Spruch Ordnung in die Jahreszeit bringen. Wurde der unpassende Gegenstand oder das unpassende Bild gefunden und weggezaubert, beginnt das Spiel von Neuem.

Klirr klarr – wirr warr – hier stimmt doch etwas nicht!
Mitten im Winter, da passen ... (z. B. Blumen) doch nicht!
Zauber, Zauber, Deck und Fleck –
wir zaubern ... (z. B. die Blumen) wieder weg!

Fördert: Aufmerksamkeit ★ Wortschatz

Tannenzapfenzauber

Ein Experiment zur Wahrnehmungsschulung

Gruppe
ca. 6–8 Kinder
Alter
ab 4 Jahren
Dauer
ca. 30–45 Minuten

Bei diesem Experiment spürt man die Magie des Zauberwassers, der sogar Naturmaterialien nicht widerstehen können.

MATERIAL Tannenzapfen * Schale * Krug mit Wasser

DURCHFÜHRUNG

Als Vorbereitung werden auf einem Tisch eine Schale, ein Tannenzapfen und ein Krug mit Wasser gestellt. Der Zauberer zeigt seinem Publikum den Tannenzapfen. Die Kinder können diesen auch ertasten und sich selbst davon überzeugen, dass der Zapfen seine Schuppen ganz geöffnet hat. Danach wird der Tannenzapfen in die Schale gelegt und der Zauber kann passend zum Zauberspruch durchgeführt werden.

Natürlich kann es einige Zeit dauern, bis der Zapfen vollständig seine Schuppen schließt. Man braucht für diesen Zauber etwas Geduld und die Bereitschaft, den Zauber über einen längeren Zeitraum zu beobachten.

Wenn wir den Tannenzapfen gießen,
sieht man, wie sich die Schuppen schließen.
Er wird dann immer nasser
durch unser Zauberwasser.
Auf Hexennasen Warzen sprießen –
Zapfen, du sollst dich jetzt schließen!

WEITERFÜHRENDE IMPULSE

Wer möchte, kann auch mehrere Zapfen in die Wasserschüssel legen und die Kinder raten, welcher Zapfen sich als Erstes schließen wird.

Schneesternwunder

Eine Übung für die Geschicklichkeit

Gruppe
ca. 6–8 Kinder
Alter
ab 5 Jahren
Dauer
je nach Belieben

Hier geht es rund und dreht man das Glas mit Schwung um, kann man sogar einen tollen Zauber miterleben. Aber Vorsicht, gelingt es nicht, dann wird der Schneesternzauber schnell zu einer nassen Angelegenheit.

MATERIAL Wasserglas ⋆ Karte aus Fotokarton (ca. DIN A6) ⋆ blauer Filzstift ⋆ Laminiergerät ⋆ Laminierfolie ⋆ blaue Lebensmittelfarbe

DURCHFÜHRUNG

Dieser Zauber braucht eine besonders geschickte und flinke Zauberhand. Als Vorbereitung malen die Kinder auf einem Fotokartonstück mit einem blauen Filzstift kleine Schneesterne auf. Anschließend wird die Karte laminiert. Danach wird ein Wasserglas ungefähr bis zu Hälfte mit Wasser gefüllt und mit blauer Lebensmittelfarbe gefärbt.
Nun kann der Zauber beginnen. Synchron zum Spruch dreht der Zauberer das Glas mit der Karte kopfüber blitzschnell um und stellt es rasch auf einem Tisch ab. Ist der Zauber mit Schwung gemacht, ist er toll vollbracht und der Zuschauer kann sehen, wie sich das Glas an der Karte festgesaugt hat und das Wasser auch im umgedrehten Glas verbleibt.

Zaubertrank Holunder –
hier kommt ein Schneesternwunder.
Auf das Glas legt man die Karte –
hab etwas Geduld und warte.
Hokuspokus aus der Ferne –
ich dreh flink die blauen Sterne.
Hab ich es mit Schwung gemacht –
ist der Zauber gut vollbracht!

Fördert: Auge-Hand-Koordination ⋆ Geschicklichkeit ⋆ Wortschatz

Lichterglanz und sternenzeit – der Advent ist für den Zauber bereit!

Die besinnliche **ADVENTSZEIT** wird häufig als fünfte Jahreszeit angesehen. Alles steht im glitzrigen Lichterglanz und dieser Glitzerzeit lässt sich natürlich jede Menge Zauberhaftes abgewinnen. Vor allem aber lädt diese Jahreszeit zum Entschleunigen ein. Zur Ruhe kommen, stille Momente der gegenseitigen Wertschätzung und des Zusammenhalts bewusst erleben und sich am Leben selbst erfreuen – die folgenden Zaubertricks helfen dabei, dass das gezielt im oft hektischen Alltag gelingt.

Die brennende Kerze

Ein Meditationserlebnis

Gruppe
ca. 4 Kinder
Alter
ab 3 Jahren
Dauer
ca. 10 Minuten

Ein flackerndes Kerzenlicht verbreitet immer eine wärmende Ruhe. Bei folgendem Meditationszauber sollen Kinder gezielt durch die Sprache und die Beobachtung in die Entspannung geführt werden.

MATERIAL Glas mit Teelicht ⋆ Zündhölzer ⋆ Glas mit Wasser und/oder Löschdecke

DURCHFÜHRUNG

Diese Kerzenmeditation bietet sich am besten in einem ruhigen Bereich an.
Stellen Sie das Teelicht im Glas auf einen Tisch und die Kinder (max. 4 Kinder) nehmen rundum Platz. Sprechen Sie gezielt langsam und ruhig den passenden Zauberreim – es soll dabei eine meditative Stimmung entstehen.

Die Kerze zünde ich jetzt an,
damit das Lichtlein brennen kann.
der/die Erzieher*in zündet die Kerze im Glas an

Dann seh ich mir ganz leise an,
wie die Kerze flackern kann.
die Kinder betrachten das Kerzenlicht und können das Flackern mit ihren Fingern nachstellen

Sie flackert hin und flackert her,
das fällt der Kerze gar nicht schwer.
die Kinder zappeln mit ihren Fingern hin und her

Doch nach einer Weile
wird es ohne Eile
plötzlich ruhig und still,
weil's Lichtlein nicht mehr flackern will.
die Kinder halten ihre Hände still und blicken zur Kerze

Fördert: Sprache im Entspannungskontext erleben ⋆ Konzentration

Ich sehe nun das helle Licht,
das jetzt ruhig und leise spricht:
Ich bin das kleine Licht
und ich vergess' dich nicht!
Ich spende dir auch Wärme,
das mach ich richtig gerne!
Hokuspokus Zaubersterne,
komm und spür die Wärme.

ein Kind kommt zum/zur Erzieher*in und gemeinsam halten sie vorsichtig die Hände über die Flamme und spüren die Wärme der Kerze

Wichtig Bei Angeboten mit echtem Feuer immer ein Glas Wasser oder eine Löschdecke bereithalten und die Kinder im Auge behalten.

WEITERFÜHRENDE IMPULSE

Nach der Meditation bietet sich noch ein Flammen-Löschzauber an. Dafür wird ein Teller auf den Glasrand gelegt und die Kinder können beobachten, wie die Flamme langsam erlischt.
Folgende Zauberworte können diesen Zauber beschleunigen:

Abrakadabra helles Licht,
diese Kerze gleich erlischt!

Gruppe
ca. 4–6 Kinder
Alter
ab 4 Jahren
Dauer
je nach Belieben

Der Sternen-Abzählzauber

Mathematik im Advent

Weit in der Ferne, da leuchten viele Sterne! Doch wie viele eigentlich? Hier wird das mathematische Geschick der Jungen und Mädchen auf die Probe gestellt.

MATERIAL vier bis sechs Taschenlampen (je nach Spieleranzahl) * Sternensticker oder andere Belohnung

DURCHFÜHRUNG

Die Kinder sitzen vor einer Wand in einem abgedunkelten Raum. Sechs Kinder erhalten je eine Taschenlampe und projizieren damit leuchtende Punkte, die die Sterne darstellen sollen, an die Wand. Damit nicht immer alle sechs Taschenlampen gleichzeitig leuchten und sich somit eine andere Sternenanzahl ergibt, tippen Sie den Kindern, die ihre Taschenlampe einschalten sollen, vorab auf die Schulter. Wer kann die Anzahl der leuchtenden Sterne zuerst erkennen?

In der weiten Ferne
leuchten viele Sterne.
Ist es dunkel, kann man sehen,
wie viele dort am Himmel stehen.
Zauber, Zauber, blauer Wal –
wie heißt die große Sternenzahl?

Das Kind, das die Zahl zuerst erraten hat, erhält z. B. einen kleinen Sternensticker auf die Hand oder auf ein Papierstück geklebt. Wer am Schluss die meisten Sternensticker gesammelt hat, ist der Sternen-Zahlenkönig.

Fördert: Zahlen und Mengenbegriffe zuordnen * Konzentration

Zauberduft liegt in der Luft

Angenehmer Adventsduft

Gruppe
ca. 4–6 Kinder
Alter
ab 3 Jahren
Dauer
je nach Belieben

Die Adventszeit kann man mit allen Sinnen genießen. Der Geruchssinn wird in dieser sinnlichen Zeit z. B. beim Backen besonders angeregt. Nehmen Sie sich doch einmal gemeinsam mit den Kindern bewusst Zeit, um Advents-Zauberdüfte zu genießen.

MATERIAL Lebensmittel und Gegenstände wie z. B. Orangenschalen, Zimtstangen, kleine Tannenzweige, Plätzchen, Lavendel … ⋆ blickdichte Stoffsäckchen oder verknotete Serviette ⋆ Bildkarten mit Abbildungen passend zu den Gerüchen

DURCHFÜHRUNG

Bereiten Sie im Vorfeld die Duftsäckchen und die Bildkarten vor. Der Zauberer verleitet bei dieser Darbietung sein Publikum dazu, den Geruchssinn gezielt einzusetzen und die Gerüche auf sich wirken zu lassen. Mit dem Zauberspruch gelingt das Raten bestimmt besser! Die Kinder können nach dem Riechen die entsprechende Karte zum Säckchen legen und sich zusätzlich mit einem Blick in das Säckchen davon überzeugen, ob sie mit ihrer Annahme richtig lagen.

In diesem Säckchen, bunt und klein,
da duftet was so richtig fein.
Heraus kommt hier ein Zauberduft,
er liegt schon herrlich in der Luft.
Zauber, Zauber, riech mal hin –
was ist in diesem Säckchen drin?

Fördert: olfaktorische Wahrnehmung ⋆ Wortschatz

Schwebende Christbaumkugel

Etwas zum Staunen

Gruppe
ca. 6–8 Kinder
Alter
ab 4 Jahren
Dauer
je nach Belieben

Dieser Adventszauber versetzt die Zuschauer ins Staunen! Es schafft wohl nur ein Meister der Zauberei, eine Christbaumkugel schweben zu lassen. Oder gibt es dafür etwa einen einfachen Trick?

MATERIAL Christbaumkugel *
ein dünner Nylonfaden (ca. 10 cm lang)

DURCHFÜHRUNG

Als Vorbereitung wird eine Christbaumkugel an einen etwa 10 cm langen, dünnen Nylonfaden gebunden. Das andere Ende der Schnur wird zu einer Schlaufe verknotet, sodass der Zauberer durch diese im Anschluss seinen Finger stecken kann.
Dieser Trick soll mit etwas Abstand zum Publikum durchgeführt werden, damit die Schnur für die Zuschauer unsichtbar bleibt.
Ist alles vorbereitet, kann der Zauber beginnen. Der Zauberer zeigt im Vorfeld die Christbaumkugel her. Jeder kann sehen, dass es sich um eine gewöhnliche Christbaumkugel handelt. Dann präsentiert der Zauberkünstler dem Publikum stolz seinen Zauberfinger (z. B. den Zeigefinger), mit dem er die Christbaumkugel im Anschluss schweben lassen wird. Gemeinsam mit Ihrer Hilfe wird der Zauberspruch gestartet. Wenn das Publikum an der Stelle „Mit Applaus und ganz viel Jubel" klatscht, dreht sich der Zauberer um und schlüpft mit dem Finger durch die Schlaufe. Bei der Textstelle „Zauberfinger, komm herbei …" zeigt er den schwebenden Zaubertrick.

Beim Zauberfingerheben
plötzlich Dinge schweben.
Mit Applaus und ganz viel Jubel
schwebt die runde Christbaumkugel.
Zauberfinger, komm herbei –
jetzt schwebt die Christbaumkugel frei.

Fördert: Konzentration * Sprache in Bewegung umsetzen

Der Sack des Nikolaus

Eine Übung für den Tastsinn

Gruppe
ca. 6–8 Kinder
Alter
ab 4 Jahren
Dauer
je nach Belieben

Was hat der Nikolaus denn bloß in seinem Sack versteckt? Bei dieser Fühlaktion brauchen die Kinder feines Fingerspitzengefühl.

MATERIAL Jutesack (oder Stoffsack) ⋆ Materialien/Früchte (z. B. Nüsse, Mandarinen, Äpfel, Schokolade, Bonbons oder auch andere Spiel- und Alltagsmaterialien)

DURCHFÜHRUNG

Als Vorbereitung wird der Nikolaussack mit diversen Materialien gefüllt.
Ein Kind greift in den Sack und versucht durch Tasten zu erraten, was sich in dem Sack befindet.
Folgender Reim leitet das Tastspiel ein:

Aus dem Sack des Nikolaus
fühle ich etwas heraus.
Zaubermaus und Humpelbein,
was kann in dem Säckchen sein?

Engel Felicia und der Glitzerzauber

Eine kleine Glitzergeschichte

Gruppe
ca. 6–8 Kinder
Alter
ab 3 Jahren
Dauer
ca. 25 Minuten

Glitzerstaub auf Wolke sieben – das klingt doch wunderbar! Bei dieser glitzrigen Mitmachgeschichte erleben die Kinder einen beeindruckenden Glitzerzauber.

MATERIAL weiße Stoff- oder Chiffontücher (7 Stück) * Gold- oder Glitzerpapier * Locher * weiße Kärtchen (Größe 8 cm × 8 cm) * bunte Filzstifte

DURCHFÜHRUNG

Vorab wird aus Gold- oder Glitzerpapier mithilfe eines Lochers Konfetti ausgestanzt, das in einer Schüssel gesammelt wird. Im Bewegungsraum werden mit etwas Abstand am Boden vorab sieben Wölkchen mithilfe von sieben weißen Stoff- oder Chiffontüchern vorbereitet. Auf sieben weißen Kärtchen wird je eine Zahl von 1 bis 7 aufgeschrieben. Diese werden je auf ein Wölkchen (Stofftuch) gelegt.

Ein Kind schlüpft in die Rolle des Engels Felicia und pustet das Glitzerkonfetti passend zur Zaubergeschichte immer auf ein Wölkchen. Die Geschichte beginnt beim letzten Wölkchen Nummer 7, das am weitesten im Raum entfernt ist. Wenn man möchte, kann man es auch mit einem Kärtchen und der Zahl 7 beschriften.

Das Glitzerkonfetti streuen Sie dem Engel immer vor dem Sprechen des Zauberspruches auf die Hand. Bevor der Engel den Glitzer von der Hand pustet, spricht er den Zauberspruch:

Über Wölkchen Nummer sieben
sieht man einen Engel fliegen.
Ja, das ist wirklich wahr,
ihr Name ist Engel Felicia.
Felicia kann vieles machen,
auch ganz zauberhafte Sachen.

 Fördert: Konzentration * Sprachverständnis * Aufmerksamkeit

Wenn sie fliegt von hier nach dort,
von einem zu dem anderen Ort,
dann hat sie auch etwas dabei,
nämlich Glitzerzauberei.
Kommt sie bei einem Wölkchen an,
dann fängt der Glitzerzauber an.
Sie pustet schnell von ihrer Hand,
den Glitzerzauberwundersand.
Damit das dann auch gut gelingt,
sagt sie vorab und ganz geschwind:
Hokuspokus glitzrig fein –
Wolke sieben soll voll Glitzer sein.
Dann fliegt sie schnell und heiter
zum nächsten Wölkchen weiter.
Pustet fröhlich von der Hand
den nächsten bunten Glitzersand.
Hokuspokus glitzrig fein –
Wolke sechs soll voll Glitzer sein.
...
Wolke fünf ...
Wolke vier ...
Wolke drei ...
Wolke zwei ...
Wolke eins ...
Ist alles glitzrig fein,
dann soll für heute Ruhe sein.
Felicia möcht nun fliegen
zu Wölkchen Nummer sieben.
Dort findet sie es nett –
und legt sich in ihr Bett.
Sie träumt von Glitzerwundersand
in ihrer kleinen Engelshand.

IMPRESSUM

Bibliografische Information der Deutschen Bibliothek
Die Deutsche Bibliothek verzeichnet diese Publikation in der Deutschen Nationalbibliografie; detaillierte bibliografische Daten sind im Internet über http://dnb.ddb.de abrufbar.

2. Auflage 2022

Text: Katrin Weitzer
Illustrationen: © cirodelia – AdobeStock
Abbildungen: Cover Fond © Kiwi Fruit Punch – creativemarket.com, Klebestreifen © Kbiscuit – AdobeStock

Satz & Gestaltung: Katrin Kleinschrot

Druck und Bindung: Grafisches Centrum Cunos, Calbe
ISBN 978-3-7806-5167-9

Burkhard Fries

Das Regenbogenfisch
BEGLEITBUCH

Für Kindergarten und Schule

Nord Süd

Lektorat: Andrea Naasan
Gestaltung: fraufederer.ch
Druck und Bindung: Appel & Klinger, Schneckenlohe, Deutschland
ISBN 978-3-314-10398-8

2., überarbeitete Auflage 2022

www.nord-sued.com
Bei Fragen, Wünschen oder Anregungen
schreiben Sie bitte an: info@nord-sued.com

www.regenbogenfisch.com

Mehr Informationen über Marcus Pfister
finden Sie unter:
www.marcuspfister.ch

Der NordSüd Verlag wird vom Bundesamt für Kultur mit einem Strukturbeitrag für die Jahre 2021-2024 unterstützt.

Ich liebe meinen Beruf: Neue Geschichten und Charaktere zu entwickeln, meiner Fantasie und der Kreativität freien Lauf zu lassen, neue Techniken und Bildsprachen auszuprobieren - das alles macht ganz einfach Spaß. Da freut es mich natürlich auch immer, wenn ich Reaktionen auf meine vollendeten Werke erhalte, E-Mails, Briefe und Zeichnungen. Ganz besonders toll finde ich es, wenn meine Bücher die Leserinnen und Leser zu eigenen Werken inspirieren. Da wird dann gebastelt, gebacken, gezeichnet und gesungen und das ist schlussendlich das größte Lob für meine Arbeit. In diesem Sinne möchte das vorliegende Büchlein ein paar Ideen und Inspirationen liefern. Es darf und soll aber auch abgeändert, vereinfacht und neu erfunden werden. Ich kann Ihnen versprechen: Sie werden eine Menge Spaß haben - und die Kinder sowieso. Wenn am Ende dann ein neues Werk entstanden ist, eine Zeichnung, ein Lied oder eine kleine Aufführung, so hat dieses Büchlein seinen Zweck erfüllt.
Gutes Gelingen!

Marcus Pfister

INHALTSVERZEICHNIS

1 | EINEN FISCH GESTALTEN

Hier malen die Kinder mit Bleistift einen großflächigen Fisch vor. Danach wird er mit Farben ausgestaltet.

MATERIAL

- Zeichenblock
- Bleistift, Radiergummi
- wasserfeste Wachsmalfarben
- Deckfarben
- Schwämmchen
- Buch »Der Regenbogenfisch«

- Die Kopiervorlage mit dem Umriss eines Fisches (Seite 7) dient als Anregung, eventuell auch für ungeübte Kinder. Die Aufgabenstellung »Male einen großen Fisch« kann aber auch offen gehalten werden.
- Begriffe wie »Auge«, »Mund«, »Flosse« und »Schuppe« können thematisiert werden.
- Die Schuppen können beispielhaft vorgezeichnet werden. Ideal wären Schuppen, die wie ein großes U aussehen und sich aneinanderreihen (keine Schlangenlinien).
- Nach dem Vorzeichnen mit dem Bleistift sollten die Schuppen mit Farbe gestaltet werden. Dabei kann der Regenbogenfisch im Bilderbuch als Vorlage dienen – wenige Farbtöne und natürlich immer wieder eine Silberschuppe.

TIPP: Die Kinder verwenden zum Ausmalen der Schuppen wasserfeste Wachsmalstifte. Dann können sie im Anschluss mit einem Schwämmchen, das zuvor mit blauer Deckfarbe betupft wurde, über den Fisch fahren und ihn damit »ins Wasser setzen«.

2 | EINE UNTERWASSERWELT GESTALTEN

Hier liegt das Augenmerk auf der Gestaltung einer Unterwasserlandschaft. Als Impuls kann eine entsprechende Doppelseite aus dem Buch dienen.

- Welche Pflanzen wachsen auf dem Meeresgrund?
- Welche Formen haben sie, welche Farben?
- Gestaltungsvorschlag: Mit einem Schwämmchen und mit hellen Deckfarben einen hellen, sandfarbenen Boden gestalten. Darüber, ebenfalls mit einem Schwämmchen, mit hellem Blau das Meerwasser. Dann trocknen lassen.
- Nach ca. 20 Minuten können die Kinder mit Wachsmalstiften die Flora der Unterwasserwelt in bunten Farben auf dem getrockneten Untergrund gestalten. Fische können vorkommen, andere Tiere sind natürlich auch möglich.
- Mögliche Impulse können sein:
  - Wo hat sich der Regenbogenfisch versteckt?
  - Vielleicht kommt gerade ein U-Boot vorbei?
  - Gibt es wohl ein Riff oder eine Höhle?
  - Eventuell ist auch eine Schatztruhe von einem versunkenen Piratenschiff zu erkennen.

MATERIAL

- Zeichenblock
- wasserfeste Wachsmalfarben
- Deckfarben
- Schwämmchen
- Buch »Der Regenbogenfisch«

3 | MALEN NACH (KLASSISCHER) MUSIK

Bei dieser Anregung malen die Kinder zuerst nach (klassischer) Musik. Danach gestalten sie die dabei entstandenen Flächen farbig.

- Die Kinder stehen (!) vor einem Tisch mit einem Zeichenblock (quer) und halten den Bleistift bereit.
- Sobald die - in diesem Fall vorzugsweise klassische - Musik erklingt, dürfen die Kinder in großen Schwüngen und Wellen der Musik Ausdruck verleihen. Die Musik kann hierbei 1-2 Minuten laufen.
- Es ist sinnvoll, wenn zuvor besprochen wird, dass der Bleistift ständig auf dem Papier geführt werden soll.
- Getragene Passagen können z.B. in großen Schwüngen dargestellt werden, lebhaftere Phasen in kleinen Wellenlinien. Das kann, muss aber nicht thematisiert werden.
- Wenn die Musik verstummt, ist auch die »Bleistift-Phase« beendet. Nun versuchen die Kinder, Formen und Wellen, eventuell auch Muster zu entdecken, die zufällig in den Linien entstanden sind. Wahrscheinlich ist auch ein Fisch-Umriss dabei oder mehrere, wenn sich zwei geschwungene Linien kreuzen. Mit seiner Fantasie erkennt und benennt das Kind diese Formen. Nun können sie farbig ausgemalt werden.
- Das Ausmalen und Gestalten kann mit Deckfarben oder auch mit Holzbuntstiften geschehen.

MATERIAL

- Zeichenblock
- wasserfeste Wachsmalfarben
- Deckfarben / Holzbuntstifte
- Schwämmchen
- CD-Player / Internetzugang
- Musiktitel:
  z.B. Pablo de Sarasate: Zapateado
  Franz Schubert: 4 Impromptus, (D 899, Op.90), No. 2 in Es-Dur

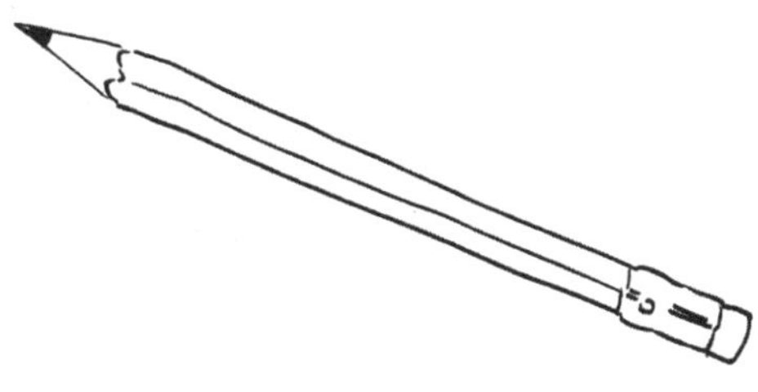

4 | EINEN FISCH AUF KARTON NÄHEN

Bei dieser Anregung soll mit Nadel und Nähgarn der Umriss eines Fisches mit Vor- oder Steppstich genäht werden.

MATERIAL

- Nadel (stumpf oder spitz)
- Nähgarn, verschiedene Farben
- Stechahle oder Prickel-Ziehnadel
- Vorlage auf Karton (kopiert)

- Sie können den Fisch von der Kopiervorlage (Seite 7) auf festeren, bunten Karton kopieren, oder natürlich eine eigene Vorlage - frei Hand, gerne auch vom Kind selbst gestaltet - verwenden, ebenfalls auf festerem Karton.
  Anschließend können Sie Punkte auf dem Umriss für den Ein- und Ausstich markieren. Sie brauchen eine gerade Anzahl an Löchern.

- Wenn Sie die Kinder anfangs mit einer stumpfen Nadel nähen lassen, sollten die Löcher für den Ein- und Ausstich mit einer Stechahle oder einer Prickel-Ziehnadel (Filz-Werkzeug) vorgestochen werden. Diese Tätigkeit kann - bei Verwendung einer passenden Unterlage - auch von den Kindern selbst durchgeführt werden.
  Ältere Kinder können auch unter Aufsicht mit einer spitzen Nadel, ohne Vorstechen der Löcher, arbeiten.

- Wenn die Kinder zum ersten Mal nähen, empfiehlt es sich, das Aufnehmen des Fadens auf die Nadel in Ruhe zu erklären: Der Faden wird dabei in einem kleinen Bogen so zwischen Daumen- und Zeigefingerkuppe genommen, dass er gerade noch zum Vorschein kommt. Dann kann die »hungrige Nadel« mit dem Ör voraus kommen und den Faden »fressen«.

- Für Näh-Anfänger ist der einfachere Vorstich geeignet. Legen Sie die Vorderseite der Kartonvorlage fest, und lassen Sie das Kind mit einem Ausstich beginnen. Fortgeschrittenere Kinder können auch mit dem Steppstich arbeiten. Ist der Rand groß genug, können Sie auch das Arbeiten mit dem Schlingstich anregen.

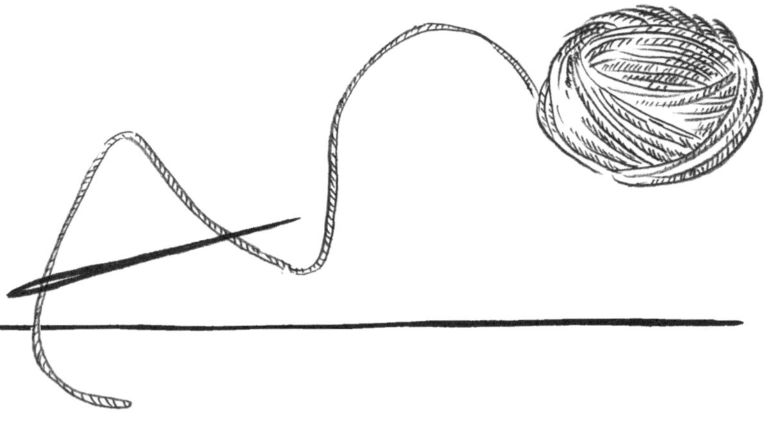

5 | FIGURENSPIEL

Die Kinder stellen (eventuell nach Vorlage) Figurenumrisse her, die mit ein wenig Knetmasse so stabilisiert werden können, dass sie auf einer Tischoberfläche stehen können. Je ein Kind ist für eine Figur zuständig. Dann kann das freie oder angeleitete Figurenspiel beginnen.

- Die Kinder entwerfen eigene Figuren (Achtung: sie sollten groß genug sein) und schneiden sie an ihren Umrissen aus.
- Wenn Sie die Vorlage auf Seite 13 benutzen, empfiehlt es sich, die Umrisse der Figuren auf festeren Karton (120g oder 160g) zu kopieren. Die Figuren sollten vergrößert kopiert werden.
- Die dadurch entstandenen Figuren können mit Holzbuntstiften ausgemalt werden. Dabei beide Seiten der Figur in etwa gleich gestalten.
- Nun bekommt jede Figur einen Ständer aus Knetmasse: Die Figur wird unten in eine kleine Kugel Knetmasse gesteckt und etwas angedrückt, sodass sie sicher auf einer Tischoberfläche stehen kann und nicht umfällt.
- Die Kinder können zunächst einmal im freien Spiel loslegen. Dabei hat jedes Kind eine Figur.
- Später können Rahmenbedingungen festgelegt werden: Welche Handlung soll dargestellt werden? Soll das Bilderbuch nachgespielt werden, oder entwickeln die Kinder eine ganz andere Geschichte?
  Wird dabei der Schluss verändert oder ein ganz neuer Schluss gefunden?
  Wird nur die Handlung vorgegeben oder auch der Text, den die Figuren sprechen sollen?
  Gibt es weitere Gegenstände, die die Geschichte illustrieren? Denkbar wären Unterwasserpflanzen oder ein Boot aus Knete, eine Höhle aus einem Schuhkarton, ein Berg aus einem Tuch etc.

MATERIAL

- Vorlage auf Seite 13
- Schere
- Holzbuntstifte
- Knetmasse
- Kopierkarton (120g/160g)

6 | SCHATTENSPIEL

Die Kinder schneiden nach Vorlage Figurenumrisse aus, die mit ein wenig Klebeband an einem hölzernen (Schaschlik-) Stab angebracht werden. Mit einer guten Lichtquelle und einem Leintuch lassen sich nun schöne Geschichten entwickeln.

- Die Kinder entwerfen eigene Figuren. Achten Sie bei dieser Vorgehensweise bitte darauf, dass die Figuren groß genug werden.
- Wenn Sie die Vorlage auf Seite 13 benutzen, empfiehlt es sich, die Umrisse der Figuren auf festeren Karton (120g oder 160g) zu kopieren.
- Die Kinder schneiden die Figuren an ihren Umrissen aus.
- Die Figuren werden mit Klebeband an den Holzrundstäben befestigt.
- Als Lichtquelle empfiehlt sich ein Beamer oder ein Tageslichtprojektor.
- Als Spielfläche eignet sich ein weißes Leintuch, aufgehängt an einer Wäscheleine.
- Die Kinder – je ein Kind übernimmt eine Figur – können zunächst einmal im freien Spiel beginnen. Später können Rahmenbedingungen festgelegt werden, ähnlich wie beim Figurenspiel (s. Seite 11).

TIPP: Manche Figuren, z. B. die Krake, könnten bewegliche Glieder haben. Dann sollten die Glieder – mit einer Musterbeutelklammer versehen – flexibel gestaltet werden. Es gibt dafür z. B. kleine Musterbeutelklammern im Fachhandel oder Internet. Diese Gliedmaßen bekommen dann einen eigenen Rundstab zum Führen.

TIPP: Kopieren Sie diese Figuren auf festeren Kopierkarton. Möglicherweise sollten Sie sie beim Kopieren auch vergrößern.

MATERIAL

- Kopiervorlage S. 13
- Schere
- dünne Holz-Rundstäbe (z. B. Schaschlik-Stäbe)
- Klebeband
- Kopierkarton (120g/160g)
- Beamer oder Tageslichtprojektor
- Wäscheleine und -klammern
- Leintuch
- eventuell Musterbeutelklammern

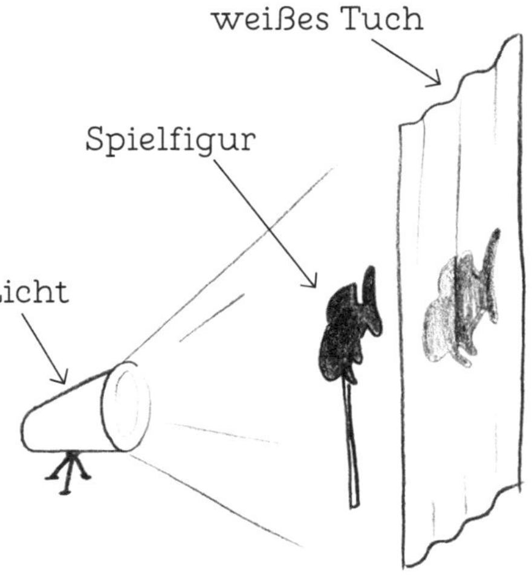

7 | EIN TÄNZCHEN

Die Kinder bewegen sich zu dem Lied »Der Fischetanz« (CD »Der Regenbogenfisch«, Detlev Jöcker) nach einem einfachen Gruppen-Tanz.

Im Folgenden erscheint der Text des Liedes. Daneben in Kreisformen die Beschreibung der Tanzbewegungen.

TIPP: Wenn Sie es den Zuschauern ermöglichen wollen mitzutanzen, sollten Sie vor dem letzten Refrain eine kleine Pause machen, damit sich alle einreihen können.

MATERIAL

Lied »Der Fischetanz« von Detlev Jöcker

CD-Player / Internetzugang

DER FISCHETANZ

1. Strophe

~

Der Fischetanz ist kinderleicht, wenn alle fröhlich sind. Gleich geht es los, weil in dem Kreis der Fischetanz beginnt.

~

Die Kinder stehen im Kreis, fassen sich an den (ausgestreckten) Händen, wippen im Takt. Der Kreis bleibt während des ganzen Liedes bestehen.

Die Kinder lassen sich los.

Refrain:

Wir tauchen rechts hinein, gluck, gluck,

~

dann geht es links hinein, gluck, gluck.

~

Die Kinder bleiben auf der Stelle stehen und »tauchen« mit geschlossenen gestreckten Armen nach rechts. ODER Die Kinder fassen sich wieder an den Händen und laufen nach rechts.

Die Kinder bleiben auf der Stelle stehen und »tauchen« mit geschlossenen gestreckten Armen nach links. ODER Die Kinder fassen sich wieder an den Händen und laufen nach links.

Dann drehen wir uns schnell im Kreis,
~
dabei wird uns so richtig heiß.

Die Kinder strecken die Arme über dem Kopf steil nach oben, die Hände sind auch gestreckt und berühren sich; die Kinder drehen sich auf der Stelle einmal im Kreis.

Dann nehmen wir ganz schnell, gluck, gluck,
~
'nen kühlen Meereswasser-schluck ...

Die Kinder mimen das Trinken aus einer Flasche.

~
Ja, das war fein, so muss ein Fischetanz wohl sein.

Die Kinder klatschen Mee-res-was-ser-schluck (5-mal); bei der anschließenden Pause können sich die Kinder den Bauch reiben.

~

Die Kinder knicken die Arme ab und halten die Handflächeninnenseiten nach oben (so, als ob sie »tja« sagen wollten).

<u>2. Strophe:</u>
Den Fischetanz mag jeder gern, egal, ob groß, ob klein,
~
Ob dick, ob dünn, ob bunt und schwarz, wir laden alle ein.

Die Kinder recken sich bei »groß« und bücken sich bei »klein«, dabei wird jeweils mit beiden Händen die Größe angezeigt.

~

Die Kinder mimen »dick« (fahren sich über einen dicken Bauch) und »dünn« (legen beide Arme eng gestreckt an den Körper an).

Refrain

<u>3. Strophe:</u>
Der Fischetanz für Jung und Alt ist ein beliebter Hit,
~
denn nicht nur Fische, auch die Menschen machen gerne mit.

Die Kinder drehen sich nun nach außen und wenden sich damit den Zuschauern zu.

~

Die Kinder mimen mit einer Hand einen wippenden Zeigefinger (nein) für »nicht nur Fische«; bei »auch die Menschen« winken sie (angehörigen) Zuschauern und laden sie gestisch ein mitzutanzen.

Refrain

8 | ANGELN IM AQUARIUM

Aus den Arbeiten der Kinder (Unterwasserwelt gestalten, S. 8) können Sie ein »Aquarium« herstellen, ndem die Kinder angeln können.

MATERIAL

- DinA3-Arbeiten der Kinder (S. 8)
- Tesafilm
- Magnetklebeband /-plättchen
- Kordel / Schmuckschnur 1,5 mm
- Laternenstäbe o.ä.
- Figuren (S. 13) auf festem Karton
- Heißklebepistole und -sticks
- (Scheiben-)Magnete ca. 20 mm
- Alufolie
- Schere

- Nehmen Sie sich 3 oder 4 DinA-3-Arbeiten der Kinder und kleben Sie sie an der kurzen Seite mit Tesafilm aneinander.
- Falzen Sie die das Papier 3 oder 4 Mal jeweils entlang des Tesafilms. Durch den Falz wird das Papier stabil und kann nun als »Aquarium« aufgestellt werden. Gegebenenfalls zusätzliche Falze machen. Bei 4 Papieren sollte dann ein »Aquarium« in Form eines Quaders entstehen.
- Basteln Sie mit den Kindern die Angeln aus den Laternenstäben oder ähnlichen dünnen Leisten und der Kordel. Die Kordel wird am Stab festgeknotet und mit einem Punkt aus der Heißklebepistole fixiert.
- Am anderen Ende der Kordel wird ein Magnet mit der Heißklebepistole angeklebt - fertig ist die Angel.
- Kopieren Sie die Figuren von Seite 13 auf festeren Karton und lassen Sie sie von den Kindern ausmalen. Natürlich können die Kinder auch eigene Figuren auf Karton gestalten und ausmalen.
  Nach dem Ausschneiden werden alle Figuren auf der Unterseite mit einem Stück Magnetklebeband versehen - fertig ist die Beute.

TIPP: Sie können auch einzelne Silberschuppen als besondere Beute anfertigen, indem Sie Karton mit Alufolie umwickeln.

9 | ERZÄHLTHEATER KAMISHIBAI

Wenn Sie in Ihrer Einrichtung über ein Kamishibai-Erzähltheater verfügen, können Sie dieses auch für die (Nach-)Erzählung des Regenbogenfischs nutzen.

MATERIAL

- Kamishibai-Erzähltheater
- dazu passende Bildkarten
- ggf. Blankokarten für eigene Arbeiten der Kinder

(Alle Materialien im Handel erhältlich: Don Bosco Verlag)

- Das Kamishibai-Erzähltheater ist ein Kastenrahmen aus Holz mit Flügeltüren. In den Rahmen lassen sich großformatige Bilder einschieben, anhand derer die Geschichte erzählt wird.
- Bei der Anschaffung eines Kamishibai haben Sie die Wahl, ob die Bildkarten von der Seite oder von oben eingeschoben werden sollen. Der Handel bietet auch ein Set zum Selbstbauen an.
- Wenn sich dann die Flügeltüren öffnen und die Geschichte erzählt wird, werden die Kinder gebannt zuhören. Sie können die Geschichte mittels des Kamishibai ganz frei erzählen oder vorlesen. Dank des Holzrahmens wird das Erzählstück wie auf einer kleinen Bühne präsentiert.
- In einer weiteren Einheit können Sie die Geschichte auch von den Kindern nacherzählen lassen. Die Bildkarten bilden einen ansprechenden Erzählanlass. Die Kinder erfahren den Umgang mit bildgestütztem Erzählen.
- Das Erzähltheater eignet sich gut, um den Wortschatz der Kinder zu erweitern. Auch die narrative Erzählform wird durch diese Form des Erzähltheaters geübt. Beide Aspekte können für Kinder mit und ohne Deutsch als Zweitsprache hilfreich sein.
- Das Kamishibai-Erzähltheater stellt eine analoge Ergänzung zur medialen Umgebung der Kinder dar.

TIPP: Sie können auch die Bildkarten von Seite 34 ergänzend verwenden, vor allem beim Nacherzählen.

10 | REIME

Reime fördern die Sprachentwicklung. Die Reime können beliebig oft wiederholt und dadurch auswendig gelernt werden.

MATERIAL

Texte

GEDICHT

Regenbogenfisch, bist ganz allein,
aber ach, das muss nicht sein!
Ein so schlauer Kopf wie du
lernt wie Teilen geht im Nu.

Siehst du, schon bist du nicht mehr
ganz allein im großen Meer!

Hast jetzt ein tolles Schuppenkleid!
Bist ohne Glitzer auch 'ne Schönheit!
Und was lernen wir daraus?
Ein guter Freund sein, das macht's aus!

TIPP: Begleiten Sie die Verse mit Handbewegungen, z. B. pro Zeile eine Geste. Die Gesten unterstützen das Auswendiglernen.

SPRECH-REIM

Der Regenbogenfisch, fisch, fisch
macht ganz schnell zisch, zisch, zisch

haut einfach ab, ab, ab
er gibt nichts ab, ab, ab

ist jetzt allein, lein, lein
das ist nicht fein, fein, fein

das ist schad, schad, schad
jetzt sucht er Rat, Rat, Rat

beim Oktopus, pus, pus
dem Achterfuß, fuß, fuß

gibt ab die Schup-pu-pe
das ist nicht schnup-pu-pe

teilen ist schön, schön, schön
wirst schon sehn, sehn, sehn!

HINWEISE ZUM UMGANG MIT GEFÜHLEN

Für die Anregungen 11–16

Hier und auf den Folgeseiten geht es um den Umgang mit Gefühlen. Dabei lernen die Kinder, unterschiedliche Gefühle zu benennen. Sie lernen, sich ihrer bewusst zu werden und sie einzuordnen. Im Wesentlichen geht es dabei um die großen Felder »Wut«, »Freude«, »Angst« und »Trauer«. Die Kinder lernen, sie zu unterscheiden und mit ihnen umzugehen. Dabei kommen Elemente der Pantomime und des einfachen Rollenspiels vor.

TIPP: Achten Sie darauf, dass die Kinder ein Gefühl »ernst« darstellen und dabei nicht kichern o.Ä. tun. Wenn Kindern dies schwerfällt, können Sie es am Anfang zulassen und dann langsam auf die ernsthafte Darstellung hinarbeiten. Mitunter hilft es auch, wenn das Kind eine Art »Schwelle« auf dem Weg zum Stuhl überschreitet. Dies kann ein ausgelegtes Springseil sein. Das Überschreiten der Schwelle soll verdeutlichen, dass es jetzt in eine Rolle schlüpft und eine Figur spielt.

- Nach dem darstellenden Spiel bzw. nach der Pantomime kann sich ein kurzes moderiertes Gespräch anschließen, in dem die Kinder erzählen, wie sie sich gefühlt haben. Sie können bei dieser Gelegenheit auch von Erfahrungen berichten, die sie in ihrer Lebenswirklichkeit bereits in ähnlicher Art gemacht haben.

- Diese Übungen im darstellenden Spiel sind für junge Kindergartenkinder noch zu schwer, empfehlenswert ist hier frühestens ein Alter ab 5 oder 6 Jahren.

11 | PANTOMIME »STANDBILD«

Anregung für die Praxis

MATERIAL

Stuhl / Podest

- Ein Kind steht erhöht auf einem Podest oder auf einem Stuhl. Sie flüstern dem Kind ein Wort eines der vier großen Gefühlsfelder (s.o.) ins Ohr, z.B. Wut. Das Kind stellt dieses Gefühl - für alle anderen in der Gruppe gut sichtbar - pantomimisch dar. Beim »Standbild« wird die Haltung eingenommen und das Kind »erstarrt« dann, wenn es denkt, dass der Ausdruck gelingt. Das Kind steht nun auf dem Stuhl wie eine Statue oder ein Standbild auf einem Sockel. Die anderen Kinder versuchen, das dargestellte Gefühl zu erraten, und äußern sich auf Aufforderung.
- Das Standbild wird dann von weiteren Kindern und mit den anderen Gefühlsfeldern dargestellt und erneut erraten.
- Wenn diese Übung gut läuft, können Sie in Gruppen arbeiten: Eine Gruppe stellt ein Gefühlsfeld dar, eine andere, abseits, stellt ein anderes (gegensätzliches) Gefühl dar, z.B.: Freude versus Trauer. Auch hier gibt es Zuschauer, die die dargestellten Gefühle erraten sollen.

Außen vor sein / anders sein

- Eine Variante wäre auch, eine Gruppe ein Gefühl darstellen zu lassen, und abseits ein einzelnes Kind ein anderes (gegensätzliches) Gefühl. Es sollte sichtbar von der Gruppe ausgeschlossen sein.
- Nun kann sich ein Gespräch anschließen.
  Kind:
  - Wie fühlst du dich, so ausgeschlossen und allein?
  - Wärst du gern (wieder) in der Gruppe?
  - Ist dir so etwas schon in Wirklichkeit passiert?

  Gruppe:
  - Wie habt ihr euch gefühlt, als ihr zusammen und viele wart?
  - Ist euch so etwas schon in Wirklichkeit passiert?
  - Welche Stelle im Bilderbuch passt zu diesem »Standbild«?
- Sehr gut kann bei diesen Übungen auch Bezug auf das Bilderbuch genommen werden.
  - Welche Parallelen gibt es bislang?
  - Wie fühlt sich der Regenbogenfisch (in diversen Passagen)?
  - Wie würdest du handeln anstelle der anderen Fische oder anstelle des Regenbogenfischs?

Stolz / arrogant sein

- Wenn die Kinder die – möglicherweise anfängliche – Scheu beim darstellenden Spiel überwunden haben und sich an die Darstellung von Gefühlen gewöhnt haben, können Sie einen expliziten Bezug zur Handlung im Bilderbuch herstellen. Ein Kind (in diesem Fall der Regenbogenfisch) nimmt eine stolze oder arrogante Haltung ein. Dies kann durch verschränkte Arme, hoch gereckten Kopf und eine abfällige Mimik verstärkt werden. Es steht in der Mitte des Raums. Andere Kinder (ca. 5, in diesem Fall andere Fische) »schwimmen« um den einzelnen Fisch und versuchen, sich ihm anzunähern. Sie können ihrer Bewunderung Ausdruck verleihen, und sie können versuchen, den einzelnen arroganten Fisch zu berühren (im Sinne von: silberne Schuppe haben wollen). Dieser lässt die Berührung aber nicht zu, sondern wehrt sie (unaufgeregt) ab. Irgendwann lassen die anderen Fische von ihm ab und beginnen, ihn zu ignorieren. Sie finden sich zusammen und verdrängen den einzelnen Regenbogenfisch mehr und mehr an den Rand des Raums.

- Durch diese Übung kann die emotionale Seite der Handlung und das Ausgeschlossen-Sein des Regenbogenfischs veranschaulicht werden.

Besonders schön / eitel sein

- Die vorangegangene Übung lässt sich auch mit diesem Schwerpunkt spielen. Ein einzelner (Regenbogen-)Fisch ist besonders schön, möglicherweise auch eitel und eingebildet. Für die anderen Fische ist er unnahbar. Sie trauen sich nicht einmal, ihn zu berühren. Auch hier wenden sich die Fische irgendwann ab und bleiben unter sich.

- Variante: Die »normalen« Fische können versuchen, ihrem Neid Ausdruck zu verleihen. Diese pantomimische Übung stellt allerdings eine gewisse Herausforderung dar.

- Eine weitere Variante wäre, bei dem Gefühl »Neid« die Sprache zuzulassen und die Fische sprechen zu lassen.

12 | PANTOMIME »EINE REISE ZU DEN INSELN DER GEFÜHLE«

Anregung für die Praxis

- Zu Beginn dieser pantomimischen Übung sollten alle Stühle so hinter- und nebeneinander im Raum aufgestellt werden, dass Sie und die Kinder das Gefühl haben, in einem großen Ruderboot zu sitzen. Jedes Kind sollte auf einer Seite gut mit einem (imaginären) Ruder rudern können. Sie sind der Kapitän vorne am Bug.

- Die andere Hälfte der Kinder befindet sich auf der anderen Seite des Raumes auf einer (imaginären) Insel. Diese Gruppe wartet, bis das Boot mit den anderen Kindern an Bord auf ihrer Insel anlegt.

- Sie machen sich zusammen mit den Kindern im Boot auf den Weg. Es wird berichtet von der Legende von den versteckten Inseln der Gefühle. Diese Inseln wollen Sie mit den Kindern zusammen entdecken. Das ist gar nicht so einfach. Die Strömung ist ganz schön stark, und alle müssen kräftig rudern, damit es vorwärts geht. Endlich sind sie an einer der geheimnisvollen Inseln angekommen. Der Kapitän gibt das Kommando zum vorsichtigen Ausstieg. Alle fragen sich beim Ausstieg, auf welcher Insel der Gefühle sie nun wohl gelandet sind.

- Allerdings offenbart sich das Geheimnis der Insel erst, wenn Sie die Insel betreten. Dann merkt man den Bewohnern an, welches Gefühl sie pantomimisch ausdrücken, indem sie sich zur begleitenden Musik bewegen. Sobald die Bootsinsassen die Insel betreten, läuft die Musik ab. Alle Einheimischen bewegen sich zur Musik und versuchen, eines dieser Gefühle mittels der klassischen Musik in Bewegung und Tanz auszudrücken.

MATERIAL

Für die Hälfte der Kinder je ein Stuhl

CD-Player / Internetzugang

beispielsweise folgende klassische Musiktitel:

- Edvard Grieg: In der Halle des Bergkönigs
- Johann Sebastian Bach: Badinerie
- Edvard Grieg: Solveigs Lied
- Nikolai A. Rimski-Korsakow: Hummelflug

- Folgende Titel können vorgeschlagen werden (natürlich steht es Ihnen frei, sich auch für andere Titel zu entscheiden):
  - Insel der Angst: Grieg: In der Halle des Bergkönigs
  - Insel der Freude: Bach: Badinerie
  - Insel der Trauer: Grieg: Solveigs Lied
  - Insel der Wut: Rimsky-Korsakov: Hummelflug

- Sobald die Musik spielt und die Einheimischen beginnen, das betreffende Gefühl zum Ausdruck zu bringen, ist es möglich, dass das Gefühl die Reisenden ergreift und sie sich an den Bewegungen beteiligen. Diese Teilnahme sollte frei gestellt sein. Es ist auch in Ordnung, wenn ein Reisender nur stiller Beobachter ist.

- Wenn nach einer Weile die Musik stoppt, erstarren auch die Bewegungen. Die Reisenden äußern Vermutungen, um welches Gefühl es sich wohl gehandelt haben mag. Errät der überwiegende Teil der Reisegruppe das richtige Gefühl, kann die Reisegruppe zum Boot zurückgehen.

- Die Reisenden nehmen wieder Platz im Boot und setzen ihre Erkundungsreise fort, indem sie zur nächsten Insel rudern. Sie treffen dort wieder auf die (gleiche) Einheimischen-Gruppe, die dann aber ein anderes Gefühl zur entsprechenden Musik darstellt.

- So geht das immer fort, bis alle vier Inseln angesteuert wurden. Sie können das Spiel dann noch einmal spielen, dieses Mal mit vertauschten Gruppen. Möglicherweise bietet sich eine solche Wiederholung aber auch für einen Folgetag an.

13 | EIN LIED VOM ANDERSSEIN

Die Kinder lernen das Lied »Im Land der Blaukarierten« (Klaus W. Hoffmann) kennen und setzen sich mit ihm auseinander.

- Die Kinder hören das Lied 1- bis 2-mal und versuchen, den Inhalt zu verstehen. Im moderierten Gespräch kann Hilfestellung gegeben werden.
- Die Kinder bekommen den Text mit den einzelnen Strophen und mit dem Refrain. Sie malen zu jeder Strophe das Land (z.B. blaukariert) und den jeweiligen Fremden (rotgefleckt).
- Bei Aufgabe 2 (Kopiervorlage S. 25) kann sich ein Gespräch anschließen.

MATERIAL

- Lied »Im Land der Blaukarierten« von Klaus W. Hoffmann
- CD-Player / Internetzugang
- Arbeitsblatt mit Liedtext (siehe Kopiervorlage S. 25)

»Im Land der Blaukarierten«

1. a) Lies den Text.
   b) Male zu jeder Strophe das Land und den passenden Fremden.

Im Land der Blaukarierten sind alle blaukariert. Doch wenn ein Rotgefleckter sich mal dorthin verirrt, dann rufen Blaukarierte: »Der passt zu uns doch nicht! Er soll von hier verschwinden, der rotgefleckte Wicht!«	
Im Land der Rotgefleckten sind alle rotgefleckt. Doch wird ein Grüngestreifter in diesem Land entdeckt, dann rufen Rotgefleckte: »Der passt zu uns doch nicht! Er soll von hier verschwinden, der grüngestreifte Wicht!«	
Im Land der Grüngestreiften sind alle grüngestreift. Doch wenn ein Blaukarierter so etwas nicht begreift, dann rufen Grüngestreifte: »Der passt zu uns doch nicht! Er soll von hier verschwinden, der blaukarierte Wicht!«	
Im Land der Buntgemischten sind alle buntgemischt. Und wenn ein Gelbgetupfter das bunte Land auffrischt, dann rufen Buntgemischte: »Willkommen hier im Land! Hier kannst du mit uns leben, wir reichen dir die Hand!«	

2. a) In welchem Land würdest du gern leben?

   ....

   b) Warum?

   ....

14 | EIN AUFSTEHSPIEL

Für dieses Spiel ist unbedingt eine vertrauensvolle Atmosphäre nötig. Die Kinder offenbaren dabei persönliche Erfahrungen und geben sie in der Gruppe preis. Allen Beteiligten muss klar sein, dass sie über die Dinge, die sie bei diesem Spiel erfahren, nicht mit Außenstehenden sprechen sollten.

MATERIAL

Stühle für einen Stuhlkreis
Liste mit Anweisungen
(siehe Kopiervorlage)

- Das Spiel geht so: Alle Beteiligten sitzen in einem Stuhlkreis, der nicht zu eng sein sollte. Vorher muss vereinbart werden, dass über die Erfahrungen, die in diesem Raum gemacht werden, nicht mit anderen gesprochen werden sollte, weil alle etwas von sich preisgeben. Das setzt Vertrauen voraus und Stillschweigen. Es klappt vermutlich nicht gleich beim ersten Mal - dann halten Sie die Fragen unverfänglich, damit sich die Kinder an das Procedere gewöhnen.

- Während des gesamten Spiels (Dauer ca. 10–15 Minuten) darf nicht gesprochen werden. Die einzige Mitteilungsart ist das Aufstehen. Wenn die Kinder Zustimmung signalisieren wollen, stehen sie schweigend auf. Nach kurzer Zeit setzen sie sich wieder. Niemand muss aufstehen, wenn er das nicht möchte.

- Sie leiten das Spiel. Dabei benutzen Sie eine Liste mit Aufforderungen, mit denen Sie die Erfahrungen der Kinder abtasten. Jede Aufforderung beginnt gleich: »Bitte steh schweigend auf, wenn...« .
  Es empfiehlt sich, die Reihenfolge einzuhalten. Am Anfang bieten sich einfache, leicht zu beantwortende Fragen an, z.B. dieser Art:
  - »Bitte steh schweigend auf, wenn du gerne Pommes isst.«

  oder:
  - »Bitte steh schweigend auf, wenn du gerne Sport treibst.«

- Mit der Zeit werden die Fragen persönlicher. Beim Thema Freundschaft bieten sich Fragen an, die Erfahrungen der Kinder in diesem Bereich anschneiden (siehe Kopiervorlage). Natürlich können bei dieser Gelegenheit auch Begebenheiten aus dem Klassengefüge aufgegriffen und thematisiert werden.

- Ziel des Spiels ist es, den Kindern aufzuzeigen, dass sie diese Erfahrungen und Erlebnisse nicht alleine machen mussten, sondern dass es anderen Gleichaltrigen auch schon so ergangen ist.

- Die Aufforderungen setzen in ihrem Wortschatz einiges an Vorwissen voraus, z. B. die Begriffe Eifersucht und Neid. Eventuell sollte das zuvor eigens geklärt werden, gerne auch mithilfe des Bilderbuchs.

- Es ist auch möglich, die Fragen allgemein zu halten und auf die Erlebnisse des Regenbogenfischs in dem Bilderbuch zuzuschneiden. Dann ist es nicht allzu heikel und die oben genannten Regeln können gelockert werden, weil es nicht mehr die Kinder selbst betrifft.

Bitte steh schweigend auf, wenn ...

1. ... du gerne Pizza isst.
   ... du gerne Spinat isst.
   ... du gerne Sport treibst.
   ... du gerne Mathe machst.
   ... du gerne Deutsch machst.

   ... du schon einmal bei deinen Freunden ein Spiel nicht mitspielen durftest.
   ... du dich schon einmal ausgeschlossen gefühlt hast.
   ... du schon einmal neidisch auf etwas warst, das du nicht bekommen konntest.
   ... du schon einmal eifersüchtig auf ein anderes Kind warst.
   ... du dich schon einmal einsam und verlassen gefühlt hast.

   ... du schon einmal sehr traurig warst.
   ... du schon einmal nicht gewusst hast, was du machen sollst.
   ... du schon einmal Hilfe oder einen Rat bei jemandem gesucht hast.

   ... du schon einmal etwas geteilt hast, z.B. eine Süßigkeit.
   ... du schon einmal etwas geteilt hast, obwohl es dir schwerfiel.
   ... du schon einmal etwas geteilt hast, und du dich danach gut gefühlt hast.
   ... du schon einmal etwas geteilt hast und du dann gemerkt hast, dass sich die anderen darüber freuen.

Platz für eigene, gruppenspezifische Ausführungen:

....

....

....

....

....

....

15 | EIN LIED VOM TEILEN

Die Kinder lernen das Lied »Ich geb nix ab« (Radau) kennen und setzen sich mit ihm auseinander.

- Die Kinder hören das Lied 1- bis 2-mal und versuchen, den Inhalt zu verstehen. Im moderierten Gespräch kann Hilfestellung gegeben werden.
- Die Kinder äußern sich. Im Mittelpunkt sollten eigene Erfahrungen mit dem Teilen stehen.
- Die Kinder bekommen den Text mit den einzelnen Strophen und dem Refrain. Sie malen zu jeder Strophe etwas Passendes, z. B. eine Tafel Schokolade, die zur Hälfte geteilt ist, etc. Wenn es nötig ist, kann man wichtige Wörter in den jeweiligen Strophen unterstreichen, dann können die Kinder auf der Wortebene arbeiten.
- Im Anschluss kann sich erneut ein Gespräch entwickeln.
- Das Lied kann bei Gefallen natürlich öfter angehört werden, bis die Kinder zumindest den Refrain auswendig singen können.

MATERIAL

- Lied »Ich geb nix ab« von Radau
- CD-Player / Internetzugang
- Arbeitsblatt mit Liedtext (siehe Kopiervorlage S. 30)

Ein Lied vom Teilen – »Ich geb nix ab«

Aufgabe: Lies den Text. Male zu jeder Strophe etwas Passendes dazu.

1. Strophe Ich geb' nix ab / - yeah, yeah, yeah, 'ne Tafel Schokolade, grad' mal 100 Gramm, von meiner Lieblingssorte, da kommt Teilen nicht infrage! Vollmilch mit Haselnuss, was für ein Hochgenuss! Die putz' ich weg in einem Stück. Einmal angefangen, gibt's kein Zurück!	
Refrain: Ich geb' nichts ab, behalte alles für mich, Teilen find' ich dämlich, das bringt es doch nicht. Ich geb' nichts ab, ich ess' alles allein, holt euch doch selber was, da bin ich gemein!	
2. Strophe 'ne ganze Tüte voll mit Chips, Salzstangen oder Erdnussflips. Welche Sorte ist egal, ich ess' sie alle auf einmal. Ja, so lässt sich's leben, Tag für Tag, all die guten Leckereien stopf ich mir alleine rein!	
2. Strophe Doch wenn ich mich jetzt so umsehe, ja, dann merk' ich, ich bin ganz allein. Vielleicht sollte ich doch etwas abgeben, denn so alleine will ich gar nicht sein. Ja, wenn ich's mir so recht überlege, was bringt es mir, wenn ich alles hab'. Schmecken tut's mir nur noch halb so gut.	
Neuer Refrain: Ich glaub, ich gebe… Ich geb' was ab, da brech' ich mir kein Bein, Teilen ist doch besser, als alleine zu sein. Ich geb' was ab, ist doch genug für alle da, nehmt, soviel ihr wollt, ist doch völlig egal, ich geb' was ab - yeah, yeah, yeah!	

16 | EIN WAHRNEHMUNGSSPIEL

Ein Kind »schwimmt« als Regenbogenfisch blind im Wasser und nimmt seine Umgebung wahr, ohne zu sehen. Es sollte aufpassen, dass es nirgends anstößt.

MATERIAL

- Schal oder Tuch zum Verbinden der Augen
- Orff-Instrumente
- eventuell Hintergrundmusik (z. B. »Karneval der Tiere«)

- Einem Kind werden die Augen verbunden. Es soll als Regenbogenfisch blind von einer Seite des Raums auf die andere Seite des Raums »schwimmen«.
- Dabei soll es aufpassen, dass es nirgends hängen bleibt oder sich anstößt. Denn in der Umgebung gibt es reichlich Flora und Fauna.
- Weitere Kinder stehen im Raum und haben diverse Orff-Instrumente in der Hand. Diese schlagen sie rechtzeitig an, wenn sich der Regenbogenfisch zu sehr nähert. So dienen die Klänge und Geräusche dem Regenbogenfisch als Orientierung.
- Während des Spiels kann eine passende Hintergrundmusik (Unterwasser-Thema) laufen.
- Danach wird natürlich gewechselt. Auch die Kinder mit den Orff-Instrumenten können wechseln, ebenso wie die Positionen im Raum.
- Bei älteren Kindern kann sich ein Gespräch anschließen, wie nahe jemand einem Kind kommen darf.
  - Was ist der Unterschied zwischen jemandem, den man mag, und jemandem, den man nicht mag?
  - Wo ist die persönliche Grenze?
  - Auch Raum für das Schildern persönlicher Erfahrungen und möglicherweise für »Grenzüberschreitungen« kann an dieser Stelle gewährt werden – hier sollte die Moderation sehr sensibel vorgehen.

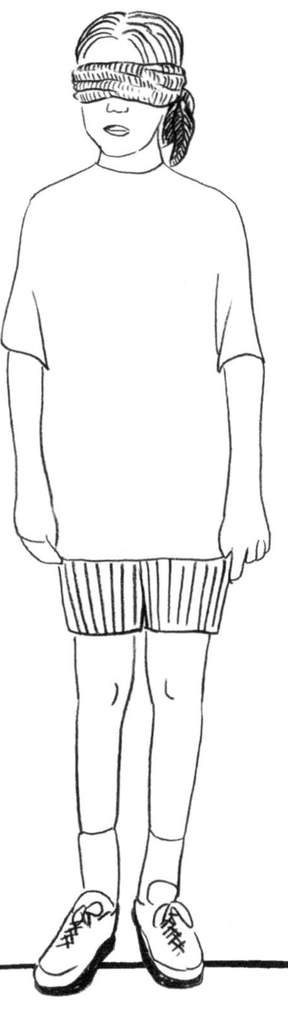

HINWEISE | EIN BILDERBUCH VORLESEN

An dieser Stelle werden allgemeine Tipps und Hinweise zum Vorlesen eines (Bilder-)Buchs gegeben.

- Wenn Sie ein (Bilder-)Buch vorlesen wollen, schaffen Sie zuvor eine gemütliche, entspannte und ruhige Atmosphäre (Lese-Ecke, Sofa, Sitzkissen, Stuhlkreis).
Kinder mit wenigen oder keinen Vorlese-Erfahrungen und eher schwierigen literalen Sozialisationsbedingungen brauchen etwas mehr Zeit, um sich auf das Vorlesen einzulassen und um die Vorlesezeit durchzuhalten. Hier brauchen Sie wahrscheinlich mehr Geduld (und Gelassenheit). Letztlich aber sind im Grunde genommen alle Kinder offen für Geschichten bzw. für das Erzählen oder Vorlesen von Geschichten.

- Selbstredend sollte das Bilderbuch (vor allem: die Bilder) stets für alle Beteiligten gut sichtbar sein, damit die Handlung mitverfolgt werden kann. Dies ist - im Kreis - dann möglich, wenn Sie das Bilderbuch auf einen Notenständer legen und dann daraus vorlesen.
Wenn Sie über die Bilder in digitaler Form verfügen, bietet sich auch eine Projektion (via Beamer / TV) an. Dann sitzen die Kinder in einer Art »Bilderbuchkino« vor der (Lein-)Wand.

- Es ist empfehlenswert, wenn Sie beim Vorlesen mit der Stimme spielen und dabei in Höhe und Tiefe, aber auch im Vorlese-Tempo variabel sind. Die wörtliche Rede einzelner Figuren kann, muss aber nicht durch die Stimme hervorgehoben werden. Dies ist vor allem dann nicht nötig, wenn es mehrere Figuren sind. Das ist dann eher etwas für professionelle Schauspieler, die ein Hörbuch interpretieren.

- Spielen Sie auch mit Kunstpausen an markanten Textpassagen. Hier kann Raum sein für Einwürfe und Fragen der Kinder. So wird das Vorlesen eine Art Verständigung über den Text und Sie und die Kinder können abschätzen, ob die Handlung auch erfasst wird.
Sie können aber auch Signale senden, wenn es eine Passage im Text gibt, die Sie einfach vorlesen wollen, ohne unterbrochen zu werden.

- Überlegen Sie zuvor, an welchen Stellen im Text Sie explizit eine größere Unterbrechung einplanen können. Das bietet sich nach Passagen an, bei denen die Kinder Erfahrungen aus ihrer Lebenswirklichkeit mitteilen können oder bei denen Sie die Kinder nach einem möglichen Fortgang der Handlung befragen wollen.

17 | DIE REIHENFOLGE EINER HANDLUNG ERKENNEN

Bei dieser Anregung können die Kinder die Reihenfolge der Handlung nochmals reflektieren und wiedergeben.

- In einem ersten Schritt erklären und beschreiben die Kinder die einzelnen Abbildungen.
- In einem zweiten Schritt sprechen die Kinder über die Reihenfolge, in der die einzelnen Bilder anzuordnen wären. Dieser Austausch kann in der Kleingruppe oder in Partnerarbeit erfolgen.
- Die Kinder verbinden oder nummerieren die Bilder in der richtigen Reihenfolge.
- Wenn ein Kind schon Erfahrungen mit Schrift und Schriftlichkeit hat, kann es auch schon versuchen, einzelne Wörter (z. B. FISCH) entsprechend zu einem Bild zu schreiben.
- Die Rechtschreibung wäre bei diesen ersten Verschriftlichungen der gesprochenen Sprache zweitrangig. Das Kind hat erste Einsichten in die Prinzipien der geschriebenen Sprache und sollte deshalb ermutigt werden, vorerst in dieser Art weiterzuschreiben.

MATERIAL

Arbeitsblatt
(Kopiervorlage S. 34)

Holzbuntstifte

Die Reihenfolge einer Handlung erkennen

....

....

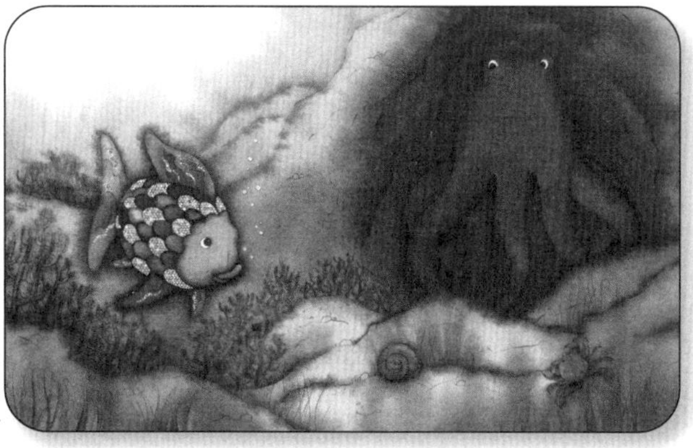

....

....

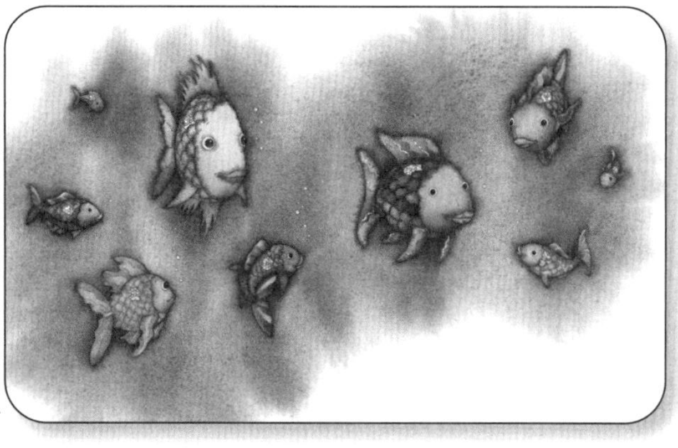

....

....

18 | ERSTLESEN AUF WORTEBENE

Die Kinder lesen einfache Wörter und ordnen diese den entsprechenden Abbildungen zu. Ergänzt wird die Kopiervorlage durch erste kleine Lese-Mal-Aufträge und weitere Arbeiten auf der Wortebene.

- Die Wörter sind in Majuskeln (Großbuchstaben) gehalten, weil diese Buchstabenart einfache Formen hat und diese die Kinder noch am ehesten (er-)kennen.
- Die Kinder können auch erste Lese-Mal-Aufträge bearbeiten.
- Sie können anschließend Wörter ausschneiden und zu ihrem selbst gemalten Bild (aus Aufgabe 2) aufkleben.

TIPP: Zum leichteren Erlesen können Sie Silbenbögen unter die Wörter zeichnen.

MATERIAL

Arbeitsblatt (Kopiervorlage S. 36)

Holzbuntstifte

Lesen – Wortebene

1. Lies und male.

EIN FISCH	EIN OKTOPUS	EINE HÖHLE	EINE SCHUPPE

2. Lies und male.

MALE EINEN FISCH.	
MALE SCHUPPEN DAZU.	
MALE EINE HÖHLE.	
MALE EINEN OKTOPUS.	
MALE EINE MUSCHEL.	
MALE EINEN SEESTERN.	

3. Verbinde die Wörter mit den passenden Bildern.

SEESTERN SCHUPPE OKTOPUS REGENBOGENFISCH HÖHLE FISCH

4. Schneide die Wörter aus, und klebe sie auf dein Bild oben.

SEESTERN | SCHUPPE | OKTOPUS | MUSCHEL | HÖHLE | FISCH

19 | DIE HANDLUNG VERSTEHEN

Auch bei dieser Anregung können die Kinder bei zwei Kopiervorlagen die Reihenfolge der Handlung nochmals reflektieren und sprachlich wiedergeben. Dabei bewegen sie sich überwiegend auf der Satzebene.

- Die Kinder lesen einfache Sätze und verbinden diese mit den entsprechenden Bildern. Auf diese Weise kann die (Reihenfolge der) Handlung nochmals erfasst und reflektiert werden.

MATERIAL

- Arbeitsblatt (Kopiervorlage S. 38/39)
- Holzbuntstifte

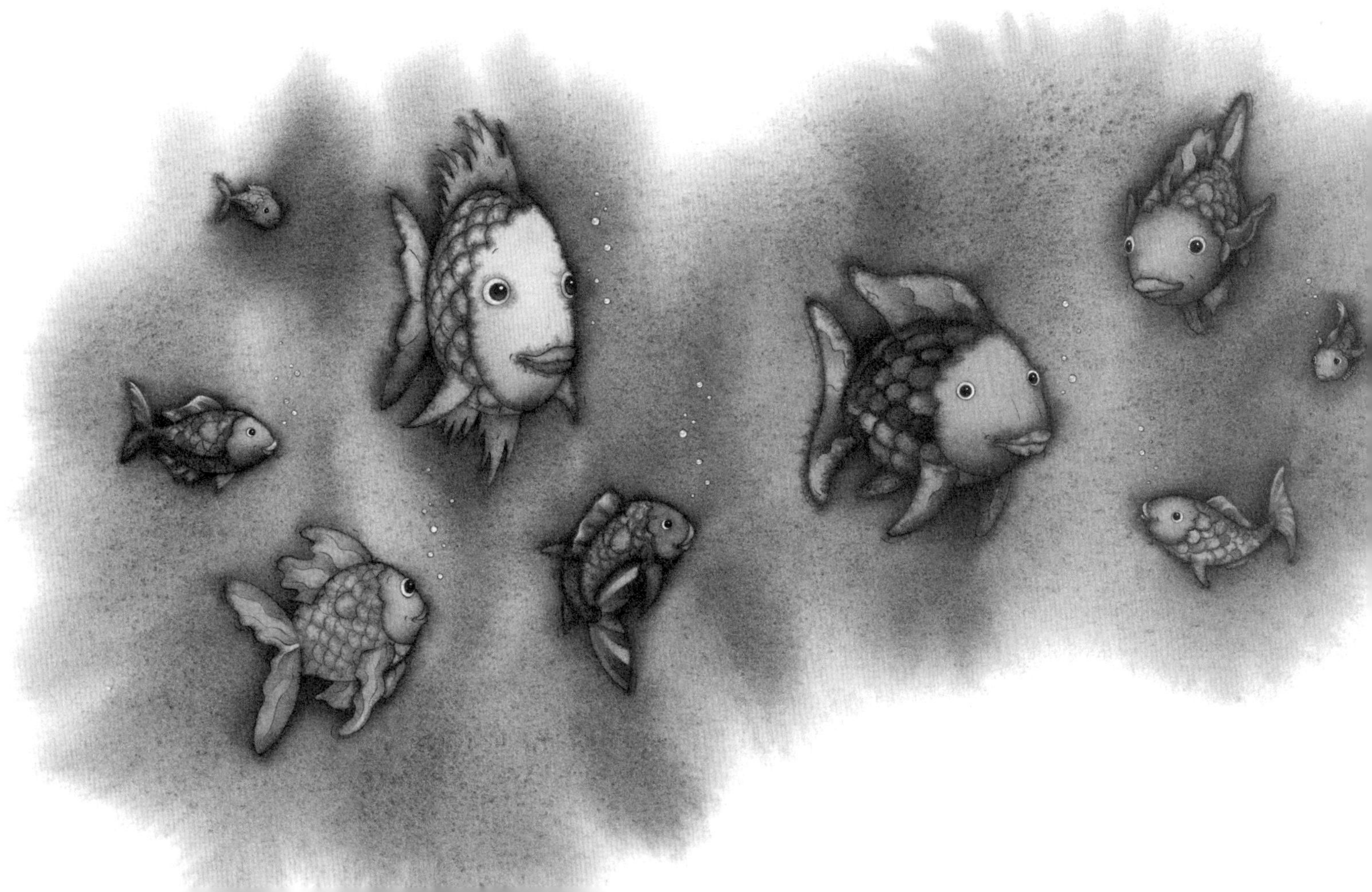

Die Handlung verstehen I

1. Bringe die Sätze in die richtige Reihenfolge.

1	DER REGENBOGENFISCH SCHWIMMT STOLZ DURCH DAS MEER.
	DER REGENBOGENFISCH TEILT SEINE GLITZERSCHUPPEN MIT ALLEN.
	DER REGENBOGENFISCH VERSCHEUCHT DEN KLEINEN BLAUEN FISCH.
	ALLE ANDEREN FISCHE WENDEN SICH AB VOM REGENBOGENFISCH.
	DER REGENBOGENFISCH SUCHT RAT BEIM OKTOPUS.
	DER REGENBOGENFISCH BEACHTET DIE ANDEREN FISCHE NICHT.
	DER REGENBOGENFISCH IST EINSAM UND TRAURIG.
8	DER REGENBOGENFISCH HAT MIT ALLEN GETEILT UND IST WIEDER GLÜCKLICH.

2. Verbinde die Sätze mit den passenden Bildern.

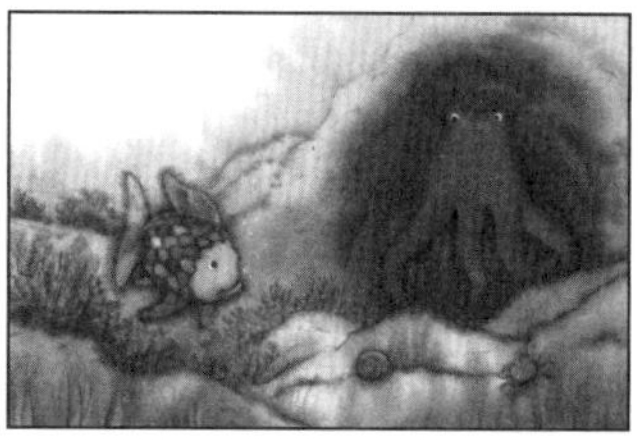

Alle Fische wenden sich ab vom Regenbogenfisch.

Der Oktopus gibt dem Regenbogenfisch einen Rat.

Der Regenbogenfisch teilt seine Glitzerschuppen.

Der Regenbogenfisch ist einsam und traurig.

3. Schwere Wörter. Übe, sie zu lesen, bis du sie ohne Stolpern lesen kannst.

Regenbogenfisch Korallenriff Regenbogen

Glitzerschuppe Oktopushöhle Schuppenkleid

Meeresgrund Seestern Regenbogenfarben

Die Handlung verstehen II

1. Ergänze folgende Sätze.

Am Anfang ist der Regenbogenfisch ●	● ... lieb. ● ... stolz. ● ... freundlich.
Dann versteht der Regenbogenfisch, dass ●	● ... Teilen besser ist. ● ... Teilen doof ist. ● ... Teilen Freude macht.
Am Ende ist der Regenbogenfisch ●	● ... traurig. ● ... glücklich. ● ... nicht mehr einsam.

2. Was geschieht in diesem Kapitel? Kreuze an.	JA	NEIN
A) AM ANFANG BEACHTET DER REGENBOGENFISCH DIE ANDEREN NICHT.		
B) ER GIBT DEM KLEINEN BLAUEN FISCH KEINE GLITZERSCHUPPE AB.		
C) DER KLEINE BLAUE FISCH ERZÄHLT DEN ANDEREN FISCHEN NICHTS.		
D) DIE ANDEREN FISCHE SPIELEN GERN MIT DEM REGENBOGENFISCH.		
E) DER REGENBOGENFISCH WIRD IMMER EINSAMER.		
F) DER REGENBOGENFISCH SIEHT DEN OKTOPUS ERST GAR NICHT.		
G) SPÄTER MERKT DER REGENBOGENFISCH, DASS TEILEN SCHÖN IST.		
H) TEILEN MACHT DEM REGENBOGENFISCH KEINE FREUDE.		
I) AM SCHLUSS SPIELEN WIEDER ALLE ZUSAMMEN.		

3. Wie findest du das Verhalten des Regenbogenfischs? Schreib mal!

....

....

....

....

20 | BEKANNTE SPIELE ÜBERTRAGEN

Die Geschichte des Regenbogenfischs bietet sich auch für Spiele an. Sie können eine schöne Abwechslung sein.

MATERIAL

- Texte
- eine Glitzerschuppe (Aquariums, S. 16)

REGENBOGENFISCH, DEINE SCHUPPE IST WEG!

Sie können das bekannte Spiel »Bello, Bello, dein Knochen ist weg« übertragen und dabei statt des Knochens eine Glitzerschuppe verwenden.
Die Kinder sitzen auf dem Boden im Kreis, in der Mitte verharrt der Regenbogenfisch auf dem Bauch, mit geschlossenen Augen. Auf seinem Rücken liegt die Glitzerschuppe. Ein Kind aus dem Kreis, das zuvor stumm ausgedeutet wurde, nimmt die Schuppe vom Rücken und nimmt leise seinen Platz im Kreis wieder ein.
Nun rufen die Kinder »Regenbogenfisch, deine Schuppe ist weg, wer hat sie versteckt?« Der Regenbogenfisch hat 3 Versuche, den »Dieb« zu erraten. Wenn es nach dem 2. Versuch noch nicht gelungen ist, kann ein Hinweis gegeben werden, z. B. »Es ist ein Junge.«
Errät der Regenbogenfisch den Dieb, darf er nochmal den Regenbogenfisch spielen. Wenn nicht, wird gewechselt.

ARMER KLEINER REGENBOGENFISCH

Spielen Sie mit den Kindern das bekannte Spiel »Armer schwarzer Kater« mit dem Regenbogenfisch anstelle des Katers:
Die Kinder sitzen im Stuhlkreis und stellen die anderen Fische im Ozean dar. Ein Kind ist der Regenbogenfisch, der einsam und traurig ist. Der Regenbogenfisch sucht Trost bei den anderen Fischen und kniet sich vor eines der anderen Kinder hin. Er macht ein bedürftiges Gesicht und sagt »Blub, blub«. Nun muss der andere Fisch versuchen, ihn zu trösten, indem er sagt: »Armer kleiner Regenbogenfisch!« Dabei darf er dem Regenbogenfisch über den Kopf streicheln. Die Kinder sollen dabei nicht lachen.

TIPP: Legen Sie oder die Kinder mit Ihnen gemeinsam die Anzahl der Versuche fest, die der Regenbogenfisch hat. Danach wechseln.

21 | WAHRNEHMUNG

Die Kinder können auf dieser Seite immer die gleichen Fischpaare gleich anmalen. Achtung: Bei einer Art sind es drei gleiche Fische.

MATERIAL

- Kopien dieser Seite
- Holzbunt- und Bleistifte

★ Ergänzende Aufgabe: Sie können Aufgaben stellen wie: »Immer 3 (4, 5) Fische kommen in ein Netz.« Die Kinder zählen die Fische und streichen sie dabei ab (sehr wichtig, für die Übersicht). Dann umkreisen sie alle abgestrichenen Fische mit Bleistift - jetzt sind sie im Netz.

22 | ALTERNATIVE HANDLUNGSMÖGLICHKEITEN AUFZEIGEN

Hier können alternative Wege und Reaktionen aufgezeigt und erarbeitet werden. Dies ist an mehreren Stellen des Bilderbuchs denkbar.

MATERIAL

Arbeitsblatt (Kopiervorlage S. 43)

Bleistift / Füller

- Lesen Sie das Bilderbuch vor, und unterbrechen Sie einfach an den folgenden Stellen:
- Der kleine blaue Fisch wird vom Regenbogenfisch fortgeschickt und erzählt es allen anderen Fischen.
  - Was hätte der kleine blaue Fisch stattdessen tun können?
- Der Regenbogenfisch klagt dem Seestern sein Leid. Dieser schickt ihn zur Höhle des Oktopus.
  - Was könnte der Seestern stattdessen antworten?
- Der Oktopus gibt dem Regenbogenfisch einen Rat.
  - Was hätte der Oktopus dem Regenbogenfisch stattdessen raten können?

TIPP: Wenn Sie die Alternativen bei diesen Unterbrechungen jeweils besprochen haben, können Sie das Arbeitsblatt danach austeilen und bearbeiten lassen.
Wenn Sie schrittweise vorgehen möchten, können Sie das Arbeitsblatt auch zerschneiden und die Kinder jeweils vor dem Weiterlesen schreiben lassen.

Alternative Handlungsmöglichkeiten aufzeigen

1. Der kleine blaue Fisch bekommt am Anfang vom Regenbogenfisch keine Glitzerschuppe.
   Er erzählt es allen anderen Fischen.
   - Was hätte der kleine blaue Fisch stattdessen tun können?

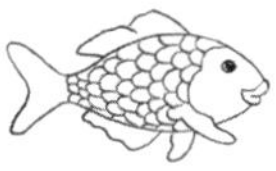

2. Der Regenbogenfisch klagt dem Seestern sein Leid. Dieser schickt ihn zur Höhle des Oktopus.
   - Was könnte der Seestern stattdessen tun?

3. Der Oktopus gibt dem Regenbogenfisch einen Rat.
   - Was hätte der Oktopus stattdessen raten können?

23 | EIGENE ERFAHRUNGEN BESCHREIBEN

Hier gibt es Parallelen zu Anregung 12, dem Aufstehspiel. Die Kinder können mündlich oder schriftlich von ihren eigenen Erfahrungen berichten. Sie stellen so einen Bezug zur eigenen Lebenswelt her. Im Unterschied zu Anregung 12 ist nun ein Austausch im behutsam moderierten Gespräch möglich und erwünscht.

- Schaffen Sie eine vertrauensvolle und freundliche Atmosphäre. Kündigen Sie an, dass es nun (erneut) um persönliche Erfahrungen der Kinder geht und dass Sie sich freuen, wenn ein Kind diese offen mitteilen möchte.
- Stellen Sie klar, dass kein Kind aufgrund dieser Erfahrungen ausgelacht werden sollte. Denn es ist mutig, wenn es anderen davon berichten kann.

MATERIAL

- Arbeitsblatt (Kopiervorlage S. 45)
- Bleistift / Füller

Eigene Erfahrungen beschreiben

1. Kreuze an, was du schon einmal erlebt hast.

○ Ich durfte schon einmal bei meinen Freunden ein Spiel nicht mitspielen.
○ Ich habe mich schon einmal ausgeschlossen gefühlt.
○ Ich war schon einmal neidisch auf etwas, das ich nicht bekommen konnte.
○ Ich war schon einmal neidisch auf ein anderes Kind.
○ Ich habe mich schon einmal einsam und verlassen gefühlt.

○ Ich war schon einmal sehr traurig.
○ Ich habe schon einmal nicht gewusst, was ich machen soll.
○ Ich habe schon einmal Hilfe oder einen Rat bei jemandem gesucht.

○ Ich habe schon einmal etwas geteilt, z.B. eine Süßigkeit.
○ Ich habe schon einmal etwas geteilt, obwohl es mir schwerfiel.
○ Ich habe schon einmal etwas geteilt, dann habe ich mich gut gefühlt.
○ Ich habe schon einmal etwas geteilt. Dann habe ich gemerkt, dass sich die anderen darüber freuen.

2. Wenn du magst, kannst du hier ein Erlebnis aufschreiben.

LÖSUNGEN

Die Handlung verstehen I

1	DER REGENBOGENFISCH SCHWIMMT STOLZ DURCH DAS MEER.
7	DER REGENBOGENFISCH TEILT SEINE GLITZERSCHUPPEN MIT ALLEN.
3	DER REGENBOGENFISCH VERSCHEUCHT DEN KLEINEN BLAUEN FISCH.
4	ALLE ANDEREN FISCHE WENDEN SICH AB VOM REGENBOGENFISCH.
6	DER REGENBOGENFISCH SUCHT RAT BEIM OKTOPUS.
2	DER REGENBOGENFISCH BEACHTET DIE ANDEREN FISCHE NICHT.
5	DER REGENBOGENFISCH IST EINSAM UND TRAURIG.
8	DER REGENBOGENFISCH HAT MIT ALLEN GETEILT UND IST WIEDER GLÜCKLICH.

2. Verbinde die Sätze mit den passenden Bildern.

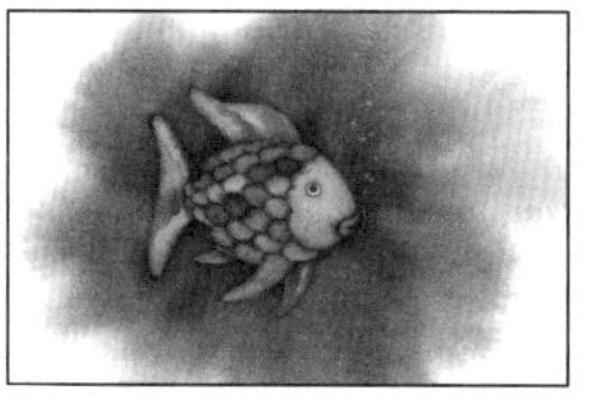

Alle Fische wenden sich ab vom Regenbogenfisch.

Der Oktopus gibt dem Regenbogenfisch einen Rat.

Der Regenbogenfisch teilt seine Glitzerschuppen.

Der Regenbogenfisch ist einsam und traurig.

Die Handlung verstehen II

Am Anfang ist der Regenbogenfisch ... stolz.
Dann versteht der Regenbogenfisch, dass ... Teilen besser ist.
Am Ende ist der Regenbogenfisch ... glücklich. / ... nicht mehr einsam.

2. Was geschieht in diesem Kapitel? Kreuze an.	JA	NEIN
A) AM ANFANG BEACHTET DER REGENBOGENFISCH DIE ANDEREN NICHT.	X	
B) ER GIBT DEM KLEINEN BLAUEN FISCH KEINE GLITZERSCHUPPE AB.	X	
C) DER KLEINE BLAUE FISCH ERZÄHLT DEN ANDEREN FISCHEN NICHTS.		X
D) DIE ANDEREN FISCHE SPIELEN GERN MIT DEM REGENBOGENFISCH.		X
E) DER REGENBOGENFISCH WIRD IMMER EINSAMER.	X	
F) DER REGENBOGENFISCH SIEHT DEN OKTOPUS ERST GAR NICHT.	X	
G) SPÄTER MERKT DER REGENBOGENFISCH, DASS TEILEN SCHÖN IST.	X	
H) TEILEN MACHT DEM REGENBOGENFISCH KEINE FREUDE.		X
I) AM SCHLUSS SPIELEN WIEDER ALLE ZUSAMMEN.	X	

QUELLENVERZEICHNIS

S. 14/15: DER FISCHTANZ aus: »Der Regenbogenfisch«
Musik und Text: Detlev Jöcker
© Menschenkinder Verlag und Vertrieb GmbH,
Münster c/o Melodie der Welt GmbH & Co. KG, Frankfurt am Main

Abdruck erfolgt mit freundlicher Genehmigung von
Menschenkinder Verlag und Vertrieb GmbH,
Münster c/o Melodie der Welt GmbH & Co. KG, Frankfurt am Main

S. 20-23: Anregungen aus:
»Stopp - Kinder gehen gewaltfrei mit Konflikten um« von Hoffmann,
Lilienfeld-Toal, Metz, Kordelle-Elfner.
© Persen Verlag, Hamburg - AAP Lehrerfachverlage GmbH

S. 24/25: IM LAND DER BLAUKARIERTEN
Copyright © Aktive Musik Verlagsgesellschaft mbH
www.aktive-musik.de
Musik und Text: Klaus W. Hoffmann

S. 29/30 ICH GEB NIX AB
Musik und Text: Radau!
© Che!music & Ecopark Studio, Hamburg

Marcus Pfister wurde in Bern geboren. Nach der Kunstgewerbeschule und einer anschließenden Grafiker-Ausbildung arbeitete er von 1981 bis 1983 in einer Werbeagentur. 1984 machte er sich selbstständig. »Die müde Eule« war Marcus Pfisters erstes Bilderbuch bei NordSüd und erschien 1986. Der Durchbruch als Bilderbuchautor gelang ihm 1992 mit »Der Regenbogenfisch«. Bis heute hat Marcus Pfister über 50 Bücher veröffentlicht, die in rund 50 Sprachen übersetzt und international mehrfach ausgezeichnet wurden. Er lebt mit seiner Frau Debora und seinen Kindern in Bern.

Burkhard Fries lebt und arbeitet als Grundschullehrer seit vielen Jahren in Mannheim. Er beschäftigt sich gerne mit der Umsetzung literarischer Texte in der Grundschule und erstellt deshalb für verschiedene Verlage Unterrichtsmaterialien.